Isabell Seibach

Die 5 Säulen der emotionalen Intelligenz

Mit den bewährten Powermethoden aus Psychologie zur hohen emotionalen Selbstkontrolle und Beeinflussung anderer und sich selbst
(inkl. Übungen und Workbook)

INHALT

Einführung

Der Begriff der emotionalen Intelligenz, auch unter den Abkürzungen EQ oder EI bekannt, hat in den letzten dreißig Jahren zunehmend an Aufmerksamkeit in Wissenschaft und breiter Öffentlichkeit gewonnen. Im Vergleich zum Intelligenzquotienten (kurz IQ), der seit dem frühen 20. Jahrhundert existiert, ist das Wissen rund um den EQ also noch jung. 1985 wurde der Begriff „emotionale Intelligenz" eher unscheinbar in der Dissertation des Psychologiestudenten Wayne Leon Payne erwähnt. Die beiden Psychologieprofessoren John Mayer der Universität von New Hampshire und Peter Salovey (Universität Yale) griffen den Begriff einige Jahre später, 1990, wieder auf bei ihrem Forschungsziel, einen Weg zu finden, mit dem sich emotionale Kompetenzen sowohl „objektiv" messen als auch aktiv fördern lassen. Emotionen sollten somit - wie schon zuvor die kognitiven Fähigkeiten - Eingang in die Welt der empirischen Wissenschaft finden. Dass der EQ weiter in die öffentliche Aufmerksamkeit rückte, ist auch dem Autor Daniel Goleman zu verdanken, der das Thema mit seinem 1995 veröffentlichten Bestseller auch dem Laien zugänglich machte. Bis heute verkaufte sich „Emotional Intelligence" über 5 Millionen-mal.

Etwas spät zwar, dafür aber kontinuierlich immer „salonfähiger", denn Emotionen wurden bis dato und völlig zu Unrecht ins private Umfeld geschoben: Die emotionale Intelligenz galt, wenn überhaupt, als eine statische, angeborene Eigenschaft - man besitzt sie als Teil des Charakters oder nicht. Dass aber auch emotionale und soziale Kompetenzen trainiert werden können, war bis dahin eher unbekannt.

Vor allem innerhalb der Arbeits- und Organisationspsychologie kam es in den letzten Jahren zu einem regelrechten „EQ-Boom": **Wer langfristig eine erfolgreiche Führungskraft bleiben will, der benötigt auch soziale Kompetenzen** - fast schon eine revolutionäre Erkenntnis für die sonst für ihre Ellenbogenmentalität bekannte Businesswelt. Das World Economic Forum verortete emotionale Intelligenz im Jahr 2020 in die Top 10 der „wichtigsten Eigenschaften für ein erfolgreiches Arbeitsleben". Das sind sicherlich vielversprechende und erfreuliche Entwicklungen. Viel wichtiger ist jene Fähigkeit aber für unser alltägliches Leben, den Umgang mit unseren Mitmenschen, aber auch für den Umgang mit den eigenen Gefühlen und Emotionen. Das Ihnen vorliegende Buch möchte sich daher vorwiegend auf die emotionale Intelligenz außerhalb der Arbeits- und Organisationspsychologie konzentrieren. Dort hat sie ihre Wurzeln, obgleich es, wie so oft, erst einen Ausflug in die Mainstream-Literatur benötigte, um das Thema mehr in den gesellschaftlichen Fokus zu rücken. Wie Sie mit anstrengenden Kollegen und Arbeitsdruck fertig werden können, ohne die Nerven zu verlieren, erfahren Sie im Kapitel ‚Emotionale Intelligenz am Arbeitsplatz'.

Der Umgang mit den eigenen, oftmals widersprüchlichen Gefühlen und Emotionen bestimmt nicht nur die eigene Lebensqualität, sondern bildet auch den Ausgangspunkt aller zwischenmenschlichen Interaktionen und wirkt sich so auch auf das Leben Ihrer Mitmenschen aus. Und gerade dort liegt das Problem, denn Selbstkontrolle und die „Pflege" wichtiger sozialer Kompetenzen wie Empathie, Konflikt- oder Kritikfähigkeit, ganz zu schweigen von gesunden Bewältigungsstrategien („Coping-Strategien") in akuten Stresssituationen, werden oft unzureichend in Kindergärten, Schulen oder Universitäten vermittelt.

Laut dem State of Heart Report, einer groß angelegten Studie, die 2016 veröffentlicht wurde und insgesamt 100.000 Teilnehmer aus aller Welt umfasste, befindet sich der EQ weltweit im Rücklauf – und somit auch die Fähigkeit zu guten Social Skills, Empathie, Beziehungsfähigkeit und dergleichen. Forscher vermuten, dass dies mit dem globalen Anstieg an psychischen Krankheiten wie Depressionen und Burn-out sowie chronischem Stress zusammenhängt – die das Verhalten samt der Entscheidungsfähigkeit noch einmal zusätzlich belasten. Die Gründe jenes Anstiegs zu suchen, würde den Rahmen des Buches weit übersteigen. Leistungsdruck, der bereits im Kindesalter beginnt, sozialökonomische Probleme, zunehmende Individualisierung und ein Mangel der Wertschätzung an Werten wie Empathie-Fähigkeit spielen hier mit Sicherheit eine wichtige Rolle.

Es ist daher nur wenig überraschend, dass die Ausbildung an emotionalen und sozialen Kompetenzen mit einem verminderten Risiko an psychischen Krankheiten zusammenhängt. Besondere Bedeutung hat sie somit für Kinder und Jugendliche während ihrer Entwicklungsphase, in der Strategien für einen besseren, gesünderen Umgang mit negativem Input besonders tief und effektiv entwickelt werden können. Obgleich der Begriff erst seit den letzten drei Jahrzehnten an

Bedeutung gewann, ist der EQ kein neues Phänomen, sondern so alt wie die Menschheit selbst und Inhalt religiöser und auch philosophischer Lebenskonzepte. Zwei Vertreter, die Stoa aus dem antiken Griechenland und der fernöstliche Buddhismus, sollen in einem späteren Kapitel kurz vorgestellt werden.

Der „Mythos", beim EQ handele es sich um einen nicht greifbaren, schwer bestimmbaren und daher aus wissenschaftlicher Sicht „schwammigen" Begriff, hält sich in verschiedenen Kreisen nach wie vor beständig. Dabei sollten Gefühle, entgegen dem Klischee, nicht als „Widersacher des Verstandes" wahrgenommen werden und damit auch der alten Schwarz-weiß-Tradition entgegengesetzt werden, was auch moderne Ansätze der Psychologie und Gehirnforschung zu widerlegen versuchen. In der Tat: Gefühle und Emotionen halfen dem Menschen schon immer, sich erfolgreich mit der Umwelt auseinanderzusetzen – höchste Zeit also, mit alten Vorurteilen aufzuräumen! Auch möchte das Buch zwischen Gefühlen und Emotionen unterscheiden – im Alltag werden diese meist bedeutungsgleich angewendet. Und dort beginnen schon die ersten Probleme. Außerdem folgt ein kleiner Ausflug in die Biologie des menschlichen Gehirns – dem Sitz unserer Gefühle. Und natürlich sollen Sie nicht nur alles rund um das Thema emotionale Intelligenz erfahren, sondern auch, wie Sie diese aktiv trainieren können. Im Laufe des Buches finden Sie dazu mehrere Übungen, die sich nachweislich positiv auf Geist und Psyche auswirken und Ihnen dabei helfen, mehr Kontrolle über das eigene Gefühlsleben zu erhalten.

Wie bei jedem größeren Vorhaben können Sie Ihre emotionalen Kompetenzen nicht über Nacht steigern. Vielmehr handelt es sich um einen lebenslangen Lern- und Achtsamkeitsprozess – und bedarf daher eines völlig neuen, offeneren Blicks auf das eigene Innenleben. Das „Projekt EQ" endet keineswegs nach dem Lesen eines oder mehrerer Bücher.

Es gilt daher, sich ab sofort aktiv mit den Mitmenschen, ihren Gefühlen, Perspektiven und Intentionen zu beschäftigen und dabei immer offen für neue Perspektiven zu bleiben – etwa in Form von Literatur, Reisen oder Kunst, die uns ebenfalls dabei behilflich sind, über den eigenen Tellerrand zu schauen und altes, festgefahrenes Verhalten zu überdenken. All dies bedarf eines ehrlichen und möglichst unvoreingenommenen Blicks auf die Welt. Gehen Sie dabei nicht allzu hart mit sich ins Gericht, lassen Sie sich ein auf das „Experiment EQ" und begeben Sie sich auf eine kleine Safari in den eigenen Kopf!

Die faszinierende Welt des menschlichen Gehirns

DIE UNTERSCHIEDE ZWISCHEN GEFÜHLEN UND EMOTIONEN

Zunächst muss verstanden werden, was Emotionen sind und wie diese sich von Gefühlen unterscheiden, denn häufig werden beide Begriffe bedeutungsgleich verwendet. Tatsächlich handelt es sich aber um zwei völlig unterschiedliche Dinge. Einen ersten Schritt in die richtige Richtung haben Sie bereits getan, wenn Sie in der Lage sind, Ihre Gefühle von Ihren Emotionen zu unterscheiden.

Gefühle werden immer **bewusst wahrgenommen** und **sind** der unmittelbare **Ausdruck einer Emotion** (dem deutlich komplexeren Zustand der beiden). **Sie bedürfen keiner Gedanken und keiner Konzeption**. Denken Sie etwa an das berühmte Bauchgefühl, das sich bemerkbar macht, lange bevor Sie eine Erklärung (= einen kognitiven Prozess in Ihrem Kopf) für jenes Gefühl haben.

Aufgrund des Aufbaus des menschlichen Gehirns und dessen neurobiologischer Entwicklungsgeschichte **existieren Gefühle auch unabhängig vom kognitiven Teil des Gehirns** (dem „Sitz des Denkens"), beeinflussen aber trotzdem unser Handeln – etwa, wenn es darum geht, Entscheidungen zu treffen. Gefühle haben sich im Laufe der menschlichen Entwicklungsgeschichte als überaus hilfreich erwiesen, etwa, indem sie „reflexartig" vor Gefahren gewarnt haben. **Behindern sie jedoch den Denkprozess oder gewinnen sie Überhand über das Verhalten, so können sie sich schädlich auf Verhalten, Entscheidungen, kurz, auf das gesamte Leben auswirken.**

Etwas anders sieht es bei den **Emotionen** aus. Diese stellen **die subjektive Interpretation von sensorischem Input dar**, welcher unser Gehirn und damit unser Bewusstsein erreicht. Man spricht dabei von der sogenannten Interozeption: Sie „berichtet" dem Gehirn, ob man sich in Sicherheit befindet oder ob „eine Gefahr lauert". Im modernen Alltag sind dies meist andere Gefahren als vor tausenden von Jahren – die physiologische Ausstattung ist aber nach wie vor dieselbe.

Laut Websters Dictionary stammt der Begriff der Emotion vom lateinischen emovere, was so viel wie „hinausschaffen", „fortschaffen" (pons.de) bedeutet. Das gibt schon einmal einen interessanten Aufschluss über die begriffliche Geschichte. Emotionen wurden schon immer als etwas betrachtet, das seinen Träger irgendwie ergreift und fortreißen kann. Ferner handele es sich um eine komplexe, subjektive Reaktion, die sowohl körperliche als auch psychische Veränderungen bewirke.

Emotionen sind also psychologische Zustände des Bewusstseins. Diese tauchen nicht einfach „aus dem Nichts" auf, sind überaus komplex und setzen sich aus verschiedenen Dingen zusammen: aus Gefühlen, kognitiven Prozessen wie der Erinnerung sowie der entsprechenden körperlichen Reaktion (ein erhöhter Herzschlag, Lachen, Weinen und so weiter). Anders als Gefühle werden sie bewusst oder unbewusst empfunden und benötigen „Input" aus der Umwelt, um die entsprechende Reaktion (den emotionalen Zustand) auszulösen.

Sie können sehr spezifisch sein oder allgemein nachvollziehbar – Freude oder Enttäuschung empfindet jeder Mensch und jeder weiß, was damit gemeint ist, wenn der Freund davon berichtet, unter Liebeskummer zu leiden. Andere Emotionen sind spezifisch und oftmals schwer in Worte zu fassen. Wie fühlt es sich etwa an, in einer lebensbedrohlichen Situation zu stecken und anschließend von den vielen, vielleicht sogar widersprüchlichen Gedanken und Gefühlen zu berichten, die in dem Moment vor sich gingen?

Emotionen drücken sich jedoch, anders als Gefühle, immer auch in einer Veränderung im Körper aus, die bewusst wahrgenommen werden kann: ein erhöhter Herzschlag, schwitzende Hände, ein Kribbeln im Bauch und so weiter. Wer jene körperlichen Reaktionen bewusst empfindet, der kann Rückschlüsse auf die jeweiligen Emotionen ziehen. Beim Erwerb von emotionaler Intelligenz müssen Sie also auch verstehen lernen, was Ihre emotionalen, ganz persönlichen Auslöser („Trigger") sind – nur so können Sie lernen, die mentalen Reaktionen besser zu kontrollieren. Natürlich ist all das leichter gesagt als getan.

Da Emotionen kompliziert sind und das Leben massiv einschränken können, ist das Ziel vieler Psychotherapien, die oftmals unbewussten, über

Jahre oder Jahrzehnte unterdrückten Emotionen der Patienten in deren Bewusstsein zu rücken. Zwar hat jeder Mensch Emotionen, oftmals sind diese aber schwer zu fassen und somit auch für die betroffene Person selbst nur schwer zu verstehen. Und wie soll man sein Leben verändern, wenn man nicht einmal weiß, was genau belastet und warum es die Gefühle jedes Mal von Neuem schaffen, das Verhalten zu dominieren?

Viele Emotionen werden durch unbewusste „Programmierung" ausgelöst, etwa durch Vorfälle in frühester Kindheit, manchmal bereits im Mutterleib erlebte Vorkommnisse. Es ist in etwa möglich, dass Sie besonders wütend werden, wenn Ihnen heute jemand im Chat nicht sofort antwortet. Sie wissen, dass die Person vermutlich arbeitet und nicht immer für Sie zur Verfügung steht, dennoch werden Sie wütend oder traurig, wenn nicht binnen kürzester Zeit geantwortet wird. Woran könnte das liegen? Möglicherweise haben Sie als Säugling öfter geweint, manchmal auch aus nicht ersichtlichen Gründen. Ihre Eltern haben alles versucht: Sie gaben Ihnen Nahrung, Wärme, Sauberkeit, Trinken und Beschäftigung, aber Sie beschwerten sich dennoch.

Nach einiger Zeit kamen Ihre Eltern nur noch nach 5 bis 10 Minuten, weil diese dachten, Sie müssten sich nur „ausbrüllen", wie es in manchen Ratgebern heißt. Was Ihre Eltern nicht wussten: Sie hatten schlicht Angst, weil Sie Ihre Eltern nicht sehen konnten, weil Sie allein in Ihrem Kinderzimmer lagen.

Was ist dabei in Ihrem Gehirn passiert? Ihr Gehirn hat sich gemerkt, dass Sie selbst als Person nicht wichtig genug sind, um beachtet zu werden. Das mag aus Ihrer heutigen Sicht ziemlich albern klingen, vielleicht konnten Ihre Eltern auch einfach nicht sofort zu Ihnen gelaufen kommen und sie haben schließlich alles versucht und auch später haben Sie immer die notwendige Aufmerksamkeit bekommen. Ihr Gehirn hat sich allerdings gemerkt, dass Sie im Stich gelassen wurden, sodass Sie heute, wenn Ihnen nicht schnell geantwortet wird, negative Emotionen haben, die Sie nicht zuordnen können.

Jede Emotion löst eine Handlung aus, das können Menschen nur bei erhöhter emotionaler Intelligenz gezielt steuern. Sie werden später noch Übungen erlernen, anhand derer Sie sowohl herausfinden können, woher Ihre Emotionen möglicherweise stammen, aber auch, wie Sie diese besser unter Kontrolle behalten können, um etwa in dem oben genannten Beispiel Ihre Wut nicht unkontrolliert herauszulassen.

HINWEIS: SOLLTEN SIE SPEZIELLE HERAUSFORDERUNGEN MIT EMOTIONEN HABEN, BEISPIELSWEISE UNKONTROLLIERBARE WUTAUSBRÜCHE, ANGSTZUSTÄNDE ODER ÄHNLICHES, WENDEN SIE SICH BITTE AN FACHPERSONAL. BEI DERARTIGEN HERAUSFORDERUNGEN HELFEN IM SPEZIELLEN TIEFENPSYCHOLOGEN, TRAUMA. UND VERHALTENSTHERAPEUTEN. DIESER RATGEBER ERSETZT KEINE MEDIZINISCHE BERATUNG.

Wer seine Emotionen verstehen und differenzieren kann, der kann auch seine Gefühle besser kontrollieren. Beides hängt untrennbar zusammen. Sie können sich mit Gedanken verbinden, nonverbal in uns schlummern oder aber bestimmte Gedankengänge in uns auslösen. Ein Lied oder ein Geruch erweckt eine Emotion in uns, etwa Nostalgie, Sehnsucht oder Freude. Das Herz wird „schwer" und Sie atmen tief ein. So viel wissen wir und doch sind Gefühle und Emotionen so viel mehr als nur wechselnde Zustände zwischen Neuronen in unserem Gehirn. Festhalten lässt sich, dass Emotionen und Gefühle für die menschliche Entwicklungsgeschichte eine ebenso bedeutende Rolle gespielt haben wie der menschliche Intellekt. Sie können regelrecht über sich hinauswachsen, wenn Sie in der Lage sind, mithilfe letzterem mehr Kontrolle über Ihr Gefühlsleben auszuüben.

Kontrolle meint dabei jedoch nicht, dass Sie keine Gefühle mehr zeigen, geschweige denn empfinden dürfen. Sein Gefühlsleben zu kontrollieren, bedeutet, dass Sie sich selbst ausreichend reflektieren, um zu wissen, warum Sie in einem Moment so handeln, wie Sie handeln, und um dieses Verhalten zukünftig in angemessene Bahnen zu lenken. Der wichtigste Part dabei ist, dass Sie lernen, vor einer impulsiven Reaktion kurz innezuhalten und durchzuatmen, um dann eine bewusste Entscheidung über Ihre Reaktion zu treffen. Dies ist nicht immer in vollem Umfang möglich, allerdings hilft es in vielen Situationen, um beispielsweise eine Eskalation im Streit zu verhindern. Das hält Ihren Körper anfänglich nicht davon ab, diese Emotionen und Gefühle dennoch zu empfinden. Es ist jedoch so, dass, wenn Sie einige Situationen kontrollierter überstanden haben, die „Programmierung" in Ihrem Unterbewusstsein geändert wird. Sie erhalten somit die Chance, Situationen emotional intelligenter zu bestehen.

KURZES BEISPIEL NERVOSITÄT

Die meisten Menschen führen Nervosität direkt auf die Gedanken zurück: Bestimmte Gedanken lösen nervöse Zustände aus. Daraus müsste folgen, dass „die richtigen Gedanken" entsprechend gegen Nervosität helfen sollten und somit unser Verstand allein für jenes unangenehme Gefühl verantwortlich ist. Was viele nicht wissen:

In Wirklichkeit handelt es sich bei Nervosität um eine Emotion – und somit um weit mehr als nur Gedanken (und Gefühle). Gedanken führen nicht direkt zu Emotionen, sondern lösen zunächst Veränderungen („Shifts") im subjektiven Körperempfinden aus. Jene Veränderungen sorgen für eine kleine Kettenreaktion:

Sie verändern die subjektive Wahrnehmung der sensorischen Daten, die dann „modifiziert" an das Gehirn gesendet werden und dadurch jene Veränderungen im emotionalen Befinden auslösen. Man spricht dabei auch von der Interozeption, die an sämtlichen Wahrnehmungs- und Befindlichkeitsprozessen im Körper beteiligt ist: Für Organfunktionen, Atmung, aber auch für das vegetative Nervensystem, das ebenfalls mit Veränderungen im subjektiven Empfinden in Zusammenhang steht. Aus diesem Grund kann es schwer sein, rein durch Worte, Vernunft und Logik gegen Nervosität „zu argumentieren" – sie trifft uns schlicht tiefer, durch andere Gehirnbereiche, die in diesem Moment praktisch „immun" gegen Argumente der Vernunft sind.

Wer Emotionen verstehen will, der muss immer auch die körperlichen Zeichen beobachten, durch die sie sich bemerkbar machen. Die Emotion der Nervosität kann als gutes Beispiel herangezogen werden, da sie sich besonders stark bemerkbar macht: etwa in Form eines schnelleren Herzschlags, zitternden Händen oder Atembeschwerden (das Gefühl, jemand drücke auf den Brustkorb). Worte und Gedanken stoßen also oftmals an ihre Grenzen und so sind andere Maßnahmen gefordert – Techniken, die das Gehirn als Organ einbeziehen und nicht nur als Ort der Gedanken.

WAS SIND DIE SIEBEN „STANDARDGEFÜHLE"?

Der Mensch ist ein merkwürdiger Vertreter unter den Tierarten: Körperlich mit unscheinbaren Stärken ausgestattet, ohne Fell, das vor Kälte schützt, ohne Reißzähne, relativ schmächtig und, verglichen mit anderen Tierarten, langsam zu Fuß, wenn es darum geht, die Flucht zu ergreifen.

Um als Gattung überleben zu können, musste der Mensch im Laufe seiner Entwicklungsgeschichte andere Überlebensmechanismen entwickeln. Seine größte Stärke stellt bis heute das menschliche Gehirn dar, dank seiner Fähigkeit zu Abstraktion, Problemlösung, Kommunikation und sozialer Kooperation, und all das gepaart mit einer beachtlichen Anpassungsfähigkeit an klimatische und ökologische Widrigkeiten – eine Erfolgsgeschichte ohnegleichen.

Im täglichen Überlebenskampf spielten dabei immer auch Gefühle eine wichtige Rolle als Überlebensstrategie. Man kann sagen, dass diese sich im Laufe unserer Entwicklung, parallel zum immer komplexer werdenden menschlichen Gehirn, ebenfalls immer weiter ausdifferenziert haben. Das älteste Gefühl, so vermuten es Wissenschaftler, darunter auch der „Vater der Evolution", Charles Darwin, ist die Angst, die wir mit allen Säugetieren teilen.

Hier liegt auch die Erklärung dafür, warum so viele Menschen Angst vor Schlangen und Spinnen haben, auch wenn diese noch so klein sind: Jene Ur-Ängste sind sprichwörtlich in die menschliche DNA eingraviert und stammen noch aus den frühen Anfängen der Menschheit. Gegen die Angst vor jeder noch so kleinen Hausspinne helfen weder vernünftige Argumente noch Logik – ähnlich verfährt das Gehirn mit Impulsen und Gefühlen im täglichen Alltag. Oft ist es schwer, Kontrolle über diese zu erlangen, weil sie unser Gehirn in jenen archaischen Schichten treffen und uns in Alarmbereitschaft versetzen.

Da stellt sich die offensichtliche Frage, ob es Möglichkeiten gibt, um Emotionen, die so tief verwurzelt sind, in den Griff zu bekommen. Wie ist es möglich, dass wir in der heutigen Welt beispielsweise keine Urangst davor haben, allein zu sein? Zu Urzeiten, als wir noch in Höhlen lebten und Jäger und Sammler waren, war Alleinsein gleichzusetzen mit Verderben. Es gab keine Möglichkeit, sich allein Tag und Nacht vor Angriffen wilder Tiere zu schützen, bei Krankheit versorgt zu werden oder sich fortzupflanzen.

Wie die Angst vor giftigen und gefährlichen Tiere ist bei Menschen also auch genetisch festgelegt, dass er sich in Gruppen aufhalten und etablieren soll. Heutzutage ist es aufgrund unserer sozialen Systeme, der weltweiten Vernetzung und medizinischen Versorgung jedoch nicht mehr notwendig, in einer Gruppe zu leben. Auch sind unser Fortbestehen und unsere Versorgung bei Alter und Krankheit gesichert, auch wenn wir keine Kinder zeugen. Dennoch haben viele Menschen nach wie vor eine Herausforderung damit, allein zu sein. Besonders bei Ausgrenzung, die sich durch die sozialen Medien um ein Vielfaches verstärkt hat, kommen diese Urängste zum Tragen, indem Menschen Depressionen oder sogar suizidale Tendenzen entwickeln. In dieser Hinsicht ist es notwendig, mit Methoden zu arbeiten, die nicht auf rationalen Argumenten beruhen. Dazu gehören die später aufgeführten beruhigenden Atemtechniken und Meditationsübungen zum eigenen Sicherheitsgefühl. Es gibt Möglichkeiten, diese Urängste zu reduzieren.

Im Gehirn befindet sich das **Angstzentrum in** einem der **ältesten Hirnbereiche**, der Amygdala. **„Komplexere" Gefühle entwickelten sich erst mit zunehmender Ausdifferenzierung des Gehirns**: Stolz, Schuld, Mitleid – all jene Gefühle, die nur Wesen mit ausgeprägten sozialen Strukturen besitzen, darunter unsere Vorfahren, die Menschenaffen. Auch sie haben ihre „Überlebensfunktion", denn wer als „nackter Affe" komplexe Gefühle empfindet, der nimmt gleichzeitig auch mehr aus der Umwelt wahr und besitzt somit auch einen Überlebensvorteil.

Im Grunde lässt sich jeder nur erdenkliche Gefühlszustand den sieben Kategorien unterordnen. Vergleichen lässt sich dies mit den drei Grundfarben Rot, Gelb und Blau: Denken Sie nur daran, wie viele Farben entstehen, wenn diese miteinander gemischt werden – oder wie viele unterschiedliche Mahlzeiten sich aus wenigen Grundzutaten zubereiten lassen. Gefühle sind also nicht per se „gut" oder „schlecht" – selbst Vertreter wie Angst oder Wut haben ihre Funktion, sofern sie in Maßen auftreten.

Der Psychologe Robert Plutchik hat die Standardgefühle in seinem Modell, dem Wheel of Emotions, auch als „Baublöcke unseres Empfindens", beschrieben: Aus ihnen setzen sich die komplexeren Gefühle zusammen, etwa „Glück" und „Vertrauen", die einen wesentlichen Bestandteil von komplexen Gefühlen wie Freundschaft oder Liebe darstellen.

1. Angst

• **Jedes Lebewesen mit zentralem Nervensystem kann sie empfinden – Angst als ein universelles Gefühl**, das wir sowohl mit Mäusen als auch mit unseren nächsten Verwandten, den Menschenaffen, teilen. Und auch als Homo Sapiens der ersten Stunde gab es einiges zu fürchten: neben Stammeskriegen und Hungersnöten vor allem Raubtiere.

• **Angst signalisiert Gefahr und somit besondere Aufmerksamkeit für die Situation**. Aus evolutionstheoretischer Sicht ist anzunehmen, dass Individuen mit ausgeprägtem Angstgefühl (die hier als eine Form der Überlebensoptimierung betrachtet werden kann) einen Vorteil im "Wettbewerb" hatten. Sicherlich kennen Sie zahlreiche Beispiele, in denen ein Mangel an Angst zu tragischen Ereignissen führte. Und so war es auch bei unseren Vorfahren.

• **(Ein gesundes Maß an) Angst sollte daher nicht grundsätzlich verteufelt werden, da sie in bestimmten Situationen zu einer erhöhten Achtsamkeit der Umwelt gegenüber Gefahren führt**.

• **Zu viel Angst wirkt sich jedoch schädlich auf die Entscheidungsfähigkeit aus**. Angst bedeutet Stress und dieser wirkt im Übermaß als regelrechtes „Nervengift" – mehr zu den Auswirkungen von Stress auf Körper und Geist im Kapitel „Kleiner Exkurs Stress".

• Angst hat eine kleine Schwester, die Furcht, und eine große Schwester, die Panik. Furcht hat immer einen akuten, realen Auslöser. Sie fürchten sich beispielsweise, wenn Sie auf einem erhöhten Punkt stehen und weit in die Tiefe blicken müssen. Angst hingegen ist es, wenn Sie bereits Stressreaktionen haben, sobald Sie nur daran denken, auf einem erhöhten Punkt zu stehen oder beispielsweise ein Bild oder Video ansehen, das aus der Höhe gemacht wurde. Panik wiederum ist eine unkontrollierbare Überreaktion des Körpers. Hierbei kommt es zu starken Beklemmungsgefühlen mit Atemnot, Zittern und Schweißausbrüchen.

2. Trauer

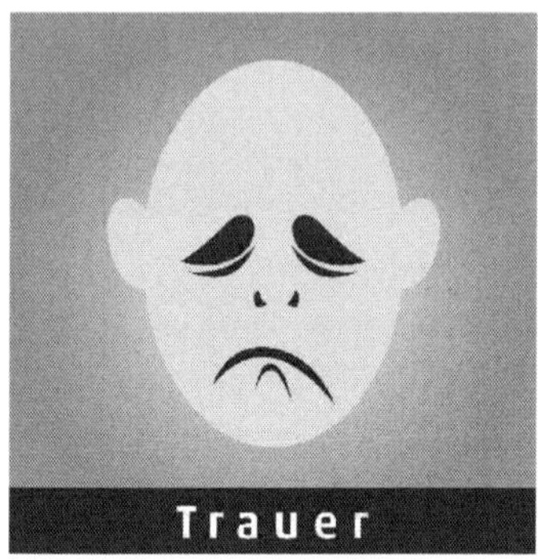

Hierunter fallen auch Gefühle wie Enttäuschung, Hoffnungslosigkeit oder ein Gefühl der Bedrückung. Forscher vermuten, dass sich das Gefühl der Trauer durch die Evolutionsgeschichte zog, nicht, da es einen Vorteil für die Betroffenen besitzt, sondern eher als **„Nebenprodukt" oder notwendige Konsequenz tiefer, emotionaler Verbindungen**. Entsprechend dem Motto „alles hat seinen Preis" **gehört** die **Trauer** also **untrennbar zum Gefühl des Glücks und stärkt soziale Beziehungen.** Trauer sollte ebenso wie alle anderen Emotionen auch einen Kanal haben, über den sie abgebaut werden kann.

- Unterdrückte Trauer kann Verlustängste und andere psychische Herausforderungen auslösen, denen Sie später nur mithilfe einer Fachkraft beikommen können. Scheuen Sie sich daher nicht, mit Freunden, Familie, Bekannten und offiziellen Hilfestellen zu sprechen, wenn Sie, aus welchem Grund auch immer, in Trauer sind.

3. Wut

- Neuere Theorien zur Evolutionspsychologie des Menschen gehen davon aus, dass die **Wut** unseren Vorfahren einen **Selektionsvorteil sicherte**, indem sie bei zwischenmenschlichen Beziehungen (Stamm, Gruppe, Familie) eine Art „Verhandlungsvorteil" mit sich brachte.

- Mit Wut ließ sich besser Nachdruck verleihen, was wiederum effektiver zum gewünschten Ausgang führte. **Wut führte außerdem dazu, mit Interesse (und Verbissenheit) an einer Sache zu bleiben** – so die evolutionären Theorien. Allgemein gilt natürlich: „Mit Aggression und Wut löst man keine Probleme!" Aus diesem Grund ist es wichtig, sollte man eine Herausforderung mit unkontrollierbarer Wut und Aggression haben, entsprechende Maßnahmen einzuleiten, die dazu beitragen, dass unkontrollierte Wutausbrüche nicht mehr auftreten. Hierbei kann ein Anti-Aggressionstraining hilfreich sein.

- Wut löst Angst aus, wodurch das Gegenüber in den Fight-or-Flight-Modus übergeht. Das bedeutet, dass, wenn Ihr Gegenüber Sie anschreit oder wütend anschaut, dann verlassen Sie die Situation (durch Weglaufen, Zustimmung oder Rechtfertigung) oder Sie werden Ihrerseits wütend und es kommt zu einem Konflikt, dessen Ausgang darüber entscheidet, wer der Stärkere ist. In der Tierwelt beobachten Sie dies bei Kämpfen um die Rudelführung, etwa wenn ein älterer Löwe von einem jüngeren angegriffen wird. Der Gewinner bleibt, der Verlierer flüchtet, falls er den Kampf überlebt. In unserer menschlichen Umgebung sind die Ausgänge weniger drastisch, beruhen aber auf den gleichen Instinkten.

4. Glück

- **Evolutionsbiologisch entspricht Glück dem Gefühl der „Belohnung"** und spielt dabei eine ebenso wichtige Rolle in der menschlichen Entwicklung wie Intelligenz. Warum? Da Glück sich überaus positiv aufs Überleben auswirkt: Es motiviert dazu, Probleme zu überwinden, und aktiviert das Belohnungszentrum des Gehirns, jene Region, die für Glücksgefühle wie Dopamin und Serotonin zuständig ist.

- **Glück stärkt das soziale Zusammengehörigkeitsgefühl und ermöglicht eine erfolgreiche Zusammenarbeit in sozialen Gruppen (Zufriedenheit, Zusammengehörigkeitsgefühl – alles „Untergruppen" des Glücks).** Und was das Überleben sichert, hat in der Regel auch einen Selektionsvorteil und wird somit auch an die Nachkommen vererbt.

- **Was genau glücklich macht, hat neben individuellen Vorstellungen auch einen starken kulturellen Einfluss.** Forscher sind sich jedoch einig: Glück führt universell und kulturübergreifend zu einem besseren und längeren Leben. Studien konnten nachweisen, dass glückliche Menschen im Schnitt rund 8 Jahre länger leben! Warum? Weil Menschen, die häufiger glücklich sind, weniger Herausforderungen mit negativem Stress haben, was sich positiv auf das Herzkreislaufsystem, den Zuckerspiegel, die Cholesterinwerte und sämtliche Körpersystem auswirkt. Glücklichere Menschen erleiden seltener Schlaganfälle, Herzinfarkte und andere Krankheiten, deren Ursachen unter anderem in vermehrtem Stress begründet sind.

5. Überraschung

• **Überraschung** stellt die **mentale Reaktion auf eine unerwartete Situation** und somit etwas Neues dar. Sie manifestiert sich sowohl neurologisch als auch im Verhalten. Wissenschaftler vermuten, dass auf biologischer Ebene das Gefühl der Überraschung zu einer bewussteren Wahrnehmung zwischen Altbekanntem und den neuen Informationen dient. Dies ermöglicht anschließend sowohl eine kurzfristige, spontane als auch eine langfristige Anpassung an die neue Situation.

• Mit anderen Worten: **„Überrascht zu sein" bereitet darauf vor, sich mit neuem Input auseinanderzusetzen und neue Dinge zu lernen, die für die Zukunft einen Überlebensvorteil sichern.** Wissenschaftler streiten sich darüber, ob es sich bei Überraschung tatsächlich um eines der sieben „Standardgefühle" handelt. Sie sind sich jedoch einig, dass das Gefühl eine wichtige Rolle sowohl für den kognitiven Lernprozess als auch für das Erinnerungsvermögen darstellt.

• Denken Sie dabei auch an die eigenen Erfahrungen: **„Überraschungen" bleiben meist länger und klarer in Erinnerung als beiläufige Situationen und Momente.** Der Grund dafür ist, dass eine unerwartete Situation, ob nun eine positive oder negative Überraschung, in unserem Gehirn eine kognitive Dissonanz – eine unlogische/unharmonische Unstimmigkeit – auslöst. Da diese von den Gewohnheiten des Gehirns abweicht und dem Gehirn ein Rätsel aufgibt, verankert sich die Erinnerung an die überraschende Situation fester im Gehirn als einfache, erwartete Situationen.

6. Ekel

- Auch dieser eher unangenehme Vertreter unter den Standardgefühlen hat seine „Existenzberechtigung". **Bis heute ist jedoch nicht vollständig geklärt, wann sich das Gefühl entwickelte.** Allgemein gehen Forscher davon aus, der **Ekel schützte unsere Vorfahren vor dem Konsum giftiger Nahrung und kam häufig in Begleitung mit der Angst, etwa vor giftigen (= gefährlichen) Tieren**.

- **Ekel kann von allen Sinnen ausgelöst werden**: Wenn wir etwas sehen, das uns „anwidert", ein Geruch, ein Geschmack, ein taktiles Gefühl, aber auch besonders schrille Frequenzen, die uns instinktiv zuwider sind – ebenfalls ein Überbleibsel aus der Frühgeschichte (Tiergeräusche).

- **Ekel in Bezug auf moralische Dinge und menschliches Verhalten entstand erst deutlich später in der menschlichen Entwicklungsgeschichte**, ist in weiten Teilen kulturell geprägt und variiert außerdem je nach historischer Epoche. Zum Beispiel ist es in vielen westeuropäischen Ländern üblich, Schimmelkäse zu essen – ein Lebensmittel, das viele Menschen aus asiatischen Ländern vor allem aufgrund des starken Geruchs als unappetitlich empfinden. In Ländern wie Kambodscha oder Laos ist es üblich, Insekten zu konsumieren, was die meisten Europäer wiederum eklig finden.

- Eins bleibt dabei jedoch **universell**: **Die Mimik als Ausdruck des Ekels – „das Gesicht verziehen"** wird überall und kulturübergreifend verstanden. Das gilt für alle Grundemotionen, denn Mimik ist eine Universalsprache, deren Aussehen in allen Ecken der Welt identisch ist.

7. Verachtung

- Die Emotion der Verachtung ist keine Abwandlung von Ekel, sondern eine tief liegende Geringschätzung gegenüber Personen, Personengruppen, der eigenen Person oder Institutionen. Der Ursprung von Verachtung konnte bisher nicht aufgeklärt werden, steht aber fast ausschließlich **im Kontext hierarchischer Strukturen**. Auch eine Verknüpfung mit moralischen, ethischen, ethnischen und persönlichen Einstellungen kann Verachtung verursachen.
- Die Steigerungsform von Verachtung ist Hass, der sich dann in Verknüpfung mit Wut in verbalen oder physischen Angriffen zeigt.
- Verachtung ist eine meist unsichtbare Emotion, die sich, wie Sie am Beispiel des Hasses sehen, hinter anderen Emotionen, meist Wut, versteckt. Es ist besonders schwer, diese Emotion zu erkennen, deren Ursachen auszumachen und etwas dagegen zu unternehmen.

Es ist wichtig, dass Sie verstehen, dass **Standardgefühle und damit auch alle „Unterkategorien" einen festen Teil des menschlichen Bewusstseins darstellen** und es **deshalb nicht möglich** ist, **sie zu unterdrücken**. Vielleicht kennen Sie Situationen, in denen Sie bestimmte Gefühle ignorieren mussten. Für den Moment hat das die Situation sicher entschärft, Gefühle verschwinden dadurch jedoch nicht, sondern schlummern weiterhin im Unterbewusstsein.

Oftmals manifestieren sie sich unbewusst im Verhalten und prägen unseren Blick auf die Welt. Die gute Nachricht lautet, dass man **lernen** kann,

Gefühle besser zu kontrollieren und negative Impulse unter Kontrolle zu bringen – und das grundsätzlich in jeder Altersgruppe. Sie sind also nie zu alt, an Ihrer emotionalen Intelligenz zu arbeiten.

Kleine Übung: In Situationen, die komplexe und komplizierte Gefühle in Ihnen auslösen, versuchen Sie, diese zunächst den „sieben Kategorien" zuzuordnen!

Gut zu wissen: Neuere Studien widersprechen der klassischen Annahme der sieben Standardgefühle. Eine Studie, die 2017 im Proceedings of National Academy of Science veröffentlicht wurde, identifizierte insgesamt 27 Standardgefühle und summiert darunter auch den Sexualtrieb sowie Nostalgie, Triumph und selbst ein Superlativ der Angst, „Horror". Was denken Sie darüber?

WAS SIND "HEIẞE" UND "KALTE" GEFÜHLE?

Die Vielschichtigkeit unserer Gefühlszustände lässt sich in zwei Kategorien einteilen, die Ihnen beim Verstehen in der Praxis hilfreich sein können. „Heiße" und „kalte" Vertreter der sechs Standardgefühle werden wie folgt unterschieden:

Standardgefühl	kalt	heiß
Angst	Zweifel, Unsicherheit	Panik, Terror
Trauer	Schwermut	Verzweiflung
Glück	Zufriedenheit	Freude
Überraschung	Neugier	Schock
Ekel	Abneigung	Abscheu
Wut	Irritation	Zorn, Aggression
Verachtung	Desinteresse/Ignoranz	Hass

Der Vorteil jener Aufteilung besteht in der Bewusstmachung heißer und kalter Zustände – und wie sie das Gehirn und somit auch das Verhalten beeinflussen. In besonders „überwältigenden" Situationen können Sie von heißen auf kalte Gefühle wechseln. Letztere sind unseren kognitiven Fähigkeiten deutlich „näher", während heiße Emotionen entsprechend dem Namen unseren Kopf regelrecht überhitzen. Und dies ist weit mehr als nur eine Metapher: So führt das erhöhte Adrenalin während heißer negativer Gefühle im Körper zu einem roten Kopf, der Herzschlag erhöht sich und man kommt ins Schwitzen. Natürlich sind positive heiße Gefühle wie Freude etwas Wünschenswertes. Denken Sie jedoch auch daran, dass ein „Zuviel" an Glück ebenfalls Einfluss auf die Denkfähigkeit ausübt. Nicht umsonst spricht man etwa davon, „blind vor Liebe" zu sein.

Kalte Gefühle ermöglichen es, zu deeskalieren und „herunterzukommen". Sie bieten daher die Möglichkeit, das eigene Verhalten und das weitere Geschehen rational und vernünftig zu überdenken. Gelingt es Ihnen, einen kühlen Kopf zu bewahren, haben Sie wesentlich seltener hinterher ein schlechtes Gewissen, Gewissenbisse oder eskalierende Streitgespräche. Bei heißen Gefühlen werden wir Menschen dazu verleitet, Aussagen zu tätigen, die wir hinterher bereuen. Kalte Gefühle geben uns hingegen die Möglichkeit, sachlicher zu reagieren und besonders bei negativen Emotionen eine angemessene Botschaft zu übermitteln, ohne unser Gegenüber persönlich anzugreifen oder etwa ausfallend zu werden und Schuldzuweisungen großräumig zu verteilen, die oftmals ungerechtfertigt oder überzogen sind.

WENN VERNUNFT AUF EMOTIONEN TRIFFT

Schon der griechische Philosoph Platon schrieb vor über zweitausend Jahren von der Vernunft als jene Gabe, die uns vom Rest der Tierwelt unterscheide. Vernunft und Intellekt, so Platon weiter, ermöglichen dem Menschen, über Leidenschaften, Triebe und über Emotionen hinaus zu entscheiden: Wahre Freiheit beginnt also bereits im Kopf und zeigt sich darin, unabhängig von Impulsen zu sein, die unser Verhalten lenken – trotz seiner Beschaffenheit als emotionales, fühlendes Wesen (Platon spricht vom Mensch auch als dem „rationalen Tier").

Im Laufe der Jahrhunderte folgten zahlreiche weitere Konzepte darüber, was der Verstand darstelle, von Immanuel Kant bis zu moderneren Konzepten, die das fortschreitende Wissen von Neurobiologe und Psychologie einbeziehen. Und je mehr wir über das Gehirn lernen, desto mehr erhalten dabei auch die Emotionen ihre längst überfällige Anerkennung.

Einer der bekanntesten Neurowissenschaftler, Dr. Antonio Damasio, geht sogar so weit und behauptet, dass Emotionen für den Intellekt unabdingbar seien – und sich beide Teile vielmehr ergänzen, statt, wie angenommen, zwei wechselseitige Pole darstellen. Statt Verstand und Emotion zu trennen, deuten Studien darauf hin, dass sich emotionale Intelligenz positiv auf den Intellekt auswirkt und die emotionale Intelligenz umgekehrt von den Fähigkeiten des Intellekts profitiert. Und dies ergibt Sinn, schließlich bietet ein offener und reflektierter Blick auf die Welt mehr Raum für Beobachtungen und Entdeckungen.

Mithilfe des Intellekts und somit der Fähigkeit zur Abstraktion erhalten wir außerdem die nötige Distanz, mit der sich das eigene Gefühlsleben betrachten lässt – die Introspektion. Auch im Gehirn hängen der „emotionale" und „logische" Teil untrennbar miteinander zusammen. Somit lässt sich mithilfe des Verstandes selbst Kontrolle über negative Impulse erlangen – eines der Ziele, wenn es darum geht, mehr emotionale Intelligenz zu entwickeln.

Täglich wird der Mensch von einer niemals enden wollenden Flut von Eindrücken konfrontiert: Geräusche, Gerüche, Bilder, ein ständiger Fluss an Informationen. Aufgenommen werden diese vom Körper in Form elektrischer Signale mithilfe unserer Sinnesorgane, von wo aus sie über Körperzellen ins menschliche Gehirn transportiert werden und dort die entsprechenden Gefühle und Eindrücke auslösen. Das menschliche Gehirn besitzt sein eigenes Universum, welches sich aus insgesamt sieben Hirnregionen zusammensetzt, die zusammen knapp neunzig Milliarden Neuronen besitzen. Ein organischer Supercomputer, wenn man so will.

Eine besondere Rolle im Hinblick auf Gefühle und Emotionen spielt das limbische System, welches sich noch einmal in die Unterkategorien Hippocampus, das erste voll ausgebildete Gehirnareal, sowie den komplexeren und zu einem späteren Zeitpunkt entstandenen Hypothalamus aufteilt. Dort landen alle Informationen, die uns erreichen, in einer Art „Eingangsbereich" des Rückenmarks im südlichen Teil des Gehirns. Von dort aus werden sie weiter zur eigentlichen Zielregion geleitet: dem präfrontalen Cortex. Zuständig ist dieser, grob gesagt, für rationales Denken, Koordination, Logik sowie dafür, mit den eingegangenen Informationen eine mehr oder weniger „sinnvolle Entscheidung" zu treffen. Auf dem Weg zum präfrontalen Cortex passieren jene Informationen jedoch den Bereich, der für unsere Gefühle zuständig ist – das limbische System, der vermeintliche Widersacher des präfrontalen Cortex.

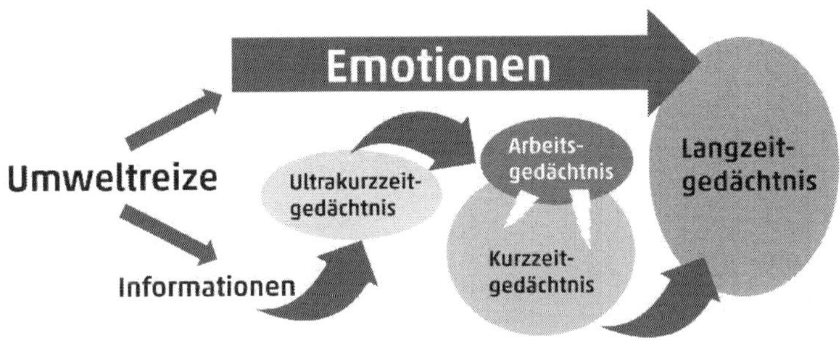

Doch jene Region, die aus insgesamt fünf Teilen besteht, spielt für die menschliche Entwicklungsgeschichte eine zentrale Rolle, denn das limbische System ist nicht nur für Gefühle, sondern auch für Erinnerungen und somit für die Fähigkeit, zu lernen und das Überleben zu sichern, zuständig. Der „empirische" Teil unseres Gehirns, wenn Sie so wollen. Er beeinflusst den „höheren" Teil unseres Gehirns, den Neocortex, der also mithilfe des limbischen Systems komplexere Gedankengänge ermöglicht.

Trotz Verstand, Logik und der Fähigkeit zur Abstraktion, die uns von der restlichen Tierwelt unterscheiden, bleiben wir also immer auch empfindende Wesen, ganz gleich, mit welchem informativen Input es unser Gehirn zu tun hat. Es ist dem präfrontalen Cortex nicht möglich, unabhängig vom limbischen System zu „arbeiten". Mit anderen Worten: Was den präfrontalen Cortex erreicht, muss erst einmal durch Gehirnregionen, die für unsere Emotionen zuständig sind, und erzeugt dort „automatisch" Gefühlsregungen, ganz gleich, mit welchem Thema Sie sich gerade beschäftigen.

Was bedeutet emotionale Intelligenz?

Nachdem Sie bereits einiges kennengelernt haben, kommt nun die **emotionale Intelligenz** ins Spiel: Laut Salovey und Mayer meint diese nichts anderes als jene **Fähigkeit, Gefühlswelt und rationales Denken miteinander zu verbinden und in der Lage zu sein, Kontrolle über die oftmals irrationalen, von Impulsen geleiteten Emotionen zu erlangen.**

Emotional intelligente Menschen kennen die eigenen Gefühle und Emotionen und sind in der Lage, die ihrer Mitmenschen zu identifizieren und angemessen auf sie zu reagieren. Sie besitzen folglich hohe „Social Skills", die **Fähigkeit, über Probleme und Gefühle zu kommunizieren** und, statt ein „Sklave der eigenen Gefühle" zu sein, sowohl von diesen als auch von den Emotionen im Alltag zu profitieren. **Emotional intelligente Menschen unterdrücken nicht, sondern setzen sich aktiv mit dem eigenen Innenleben auseinander und übernehmen dadurch Kontrolle und Verantwortung**.

Dadurch, dass diese sowohl die eigenen Gefühle als solche identifizieren können als auch die ihrer Mitmenschen, können sie ihre Pläne, ganz gleich, in welchem Lebensgebiet, ob privat oder beruflich, ohne Schwierigkeiten umzusetzen. Ein Mangel an emotionaler Intelligenz und damit den Soft Skills führt zu Unzufriedenheit, Aggressionen, ungesundem Egoismus und verletzenden Aussagen oder Handlungen. Wer fremde und eigene Gefühle nicht deuten, händeln, nachvollziehen und kommunizieren kann, gerät häufig in unangenehme Situationen, wobei die leichteste Form einfache Missverständnisse sind.

Es ist daher wichtig, zu verstehen, dass der EQ zum einen etwas Innerliches bedeutet, die Summe Ihrer psychosozialen Fähigkeiten, zum anderen auch einen praktischen Teil besitzt, nämlich die Umsetzung Ihrer Fähigkeiten im Alltag. Und vor allem ist der EQ von Relevanz, wenn es darum geht, komplizierte Situationen zu meistern, ohne dabei „den Kopf zu verlieren". Wie sich zeigen wird, reicht es nicht aus, lediglich gute Absichten zu haben. Diese geben zwar Aufschluss über den Charakter, Sie müssen jedoch auch wissen, wie Sie jene Fähigkeiten – Empathic, die Fähigkeit, zuhören zu können, und so weiter – positiv im alltäglichen Leben umsetzen können. Auch positive Eigenschaften können Probleme mit sich bringen. Denken Sie etwa an eine überzogene Selbstlosigkeit („zu viel Empathie"), eine Arbeitsobsession („zu viel Motivation") und so weiter. Bei emotionaler Intelligenz spielt also auch eine Rolle, wie Sie mit Ihren „emotional intelligenten" Fähigkeiten in der Praxis, dem Alltag, umgehen.

DIE FÜNF STANDARDKOMPETENZEN

Der EQ lässt sich grob in fünf Standardkompetenzen einteilen. Diese stehen in direktem Zusammenhang, überschneiden und bedingen sich, wobei Einzelheiten je nach Autor und Theorie variieren können. Allgemein sollte ein hoher EQ jedoch folgende Fähigkeiten vereinen:

1. Selbstreflexion

Selbstreflexion ermöglicht es uns, eine neutrale Perspektive auf das eigene Verhalten, die eigenen Gedanken und Gefühle anzunehmen. Dadurch sind Sie in der Lage, sich kritisch mit den eigenen Gedanken auseinanderzusetzen, Sie gestehen sich Fehler ein, Sie sind sich Ihrer Fähigkeiten, aber auch Schwächen bewusst und bereit, an Letzteren zu arbeiten.

Kritikfähigkeit stellt daher eine weitere Fähigkeit der emotionalen Intelligenz dar, die hier unter Selbstreflexion Erwähnung finden muss. Diese beinhaltet ferner immer auch, nach den Ursachen und Gründen der eigenen Emotionen und Gefühle zu suchen. Sie haben keine Angst davor, die Komfortzone des eigenen Weltbildes zu verlassen, um sich auf andere Perspektiven einzulassen. Ihnen ist bewusst, dass Ihr Handeln immer auch Konsequenzen für Sie und Ihr soziales Umfeld hat – Sie können daher bewusst handeln und Sie verlieren sich nicht in unüberlegten, impulsiven Entscheidungen.

Beachten Sie dabei, dass es wichtig ist, die Selbstreflexion – wie bei allen Dingen – in einem gesunden Maße zu betreiben. Wer allzu hart mit sich ins Gericht geht, jedes Wort und jede Handlung überinterpretiert und anzweifelt, was bis zu Selbsthass reichen kann, der besitzt eine destruktive und häufig obsessive Form von (überzogener) Selbstkritik. Diese sollte vermieden werden und bedarf im Zweifelsfall psychologischer Hilfe von außen.

2. Soziale Achtsamkeit und Empathie

Empathie bezeichnet die Fähigkeit, die Gedanken und Gefühle anderer Menschen nachempfinden zu können. Der Begriff stammt vom deutschen Wort „Einfühlen". Man „fühlt mit", wenn ein Freund Liebeskummer hat, oder auch, wenn man das Leid völlig fremder Personen sieht – etwa, wenn man in den Nachrichten von Naturkatastrophen, Hunger und Krieg hört.

Lassen die Ereignisse um Sie herum Sie nicht kalt, ganz gleich, ob bei Mensch, Tier oder Umwelt, so besitzen Sie Empathie (das vielleicht wichtigste Merkmal der emotionalen Intelligenz). Der berühmte Philosoph Arthur Schopenhauer geht so weit und bezeichnet das Mit-Leiden als den Weg zu einer gerechteren Gesellschaft, durch den sich auch das eigene Ego (die „Quelle zahlreicher Übel" wie Habsucht, Hass und Vorurteile) überwinden lässt. Empathie besitzt so gut wie jeder Mensch (vielleicht mit Ausnahme der Psychopathen), allerdings in unterschiedlichen Ausprägungen. Sie ist zwar charakterliche Veranlagung, muss jedoch auch erlernt und somit durch die Erziehung und das soziale Umfeld während des Erwachsenwerdens vermittelt werden. Geschieht dies nicht, so kann jene Fähigkeit zum „Einfühlen" auch bei stark empathisch veranlagten Personen über die Jahre regelrecht verkümmern.

In den letzten Jahrzehnten wurde das Thema der Empathie in zahlreichen Studien thematisiert. Eine davon versuchte, mithilfe des sogenannten Interpersonal Reactivity Index (IRI) die Empathiewerte unterschiedlicher Kulturen untereinander zu vergleichen. Die Forscher konnten nachweisen, dass Empathie in verschiedenen Kulturen nicht nur unterschiedlich stark geschätzt wird, sondern auch stark variieren kann. Die Untersuchung bestand aus über 100.000 Teilnehmern, die aus insgesamt 63 Ländern stammten. Forscher erstellten aus den Daten eine Empathieskala, wobei hohe Empathiewerte von jenen Ländern erzielt werden konnten, in denen allgemein kollektive Sozialformen herrschten – Platz 1 auf der Empathieskala erreichte Ecuador, als einziges europäisches Land schaffte es Dänemark auf Platz 4. Auch, wenn sich die Studie auf 63 Länder beschränkt, konnte damit die Abhängigkeit vom sozialen und gesellschaftlichen Umfeld und der Ausbildung von „emotional intelligenten" Fähigkeiten wie der Empathie verdeutlicht werden. Sie ist also, anders als früher angenommen, keine angeborene, universelle Eigenschaft, sondern muss, wie alle Talente und Fähigkeiten, gefördert werden – und das bereits bei Kindern.

Bedeutet eine hohe Empathie-Kompetenz automatisch auch, einen hohen EQ zu besitzen? Ganz so einfach ist es nicht, denn ein überzogenes Maß an Empathie kann zu Defiziten in anderen Lebensbereichen führen. Erinnern Sie sich daran, dass es beim EQ nicht nur darum geht, besagte Fähigkeiten zu besitzen, sondern auch, wie Sie diese in der Praxis umsetzen. Vom individuellen „Empathievermögen" können jedoch Rückschlüsse auf den EQ gezogen werden. Und mit ziemlicher Sicherheit kann gesagt werden, dass ein empathieloser Mensch auch keinen hohen EQ besitzt.

3. Beziehungsfähigkeit

Menschen sind soziale Wesen und gehen im Laufe ihres Lebens zahlreiche soziale und zwischenmenschliche Beziehungen ein. „Beziehungsfähigkeit" meint keineswegs nur die Fähigkeit, eine gesunde Partnerschaft führen zu können, sondern umfasst jeden Bereich des zwischenmenschlichen Lebens: sei dies innerhalb des Freundeskreises, in der Freizeit, familiär oder am Arbeitsplatz (Stichwort Teamfähigkeit).

Haben Sie zahlreiche oberflächliche Bekanntschaften oder bestimmt ein überschaubarer Anteil tiefer und langjähriger Freundschaften Ihr Privatleben? Haben Sie häufig wechselnde Partnerschaften oder langjährige Beziehungen? Letztere Frage hat keineswegs moralisierende Absichten zur Wertung bestimmter Lebensentwürfe. Vielmehr sollten Sie sich fragen, ob Sie in Ihrem Privatleben eine Art „Schema" erkennen, das sich konsequent durch Ihr Leben zieht.

Als Beispiel kann etwa die Angst vor Bindungen und Konfrontationen dienen oder eine Tendenz dazu, wenn es ungemütlich wird, schnell „das Handtuch zu werfen". Letzteres geschieht häufig aus der Angst vor Verletzungen oder mangels Motivation und Social Skills, sich mit den eigenen Problemen sowie denen unserer Mitmenschen auseinanderzusetzen. Und natürlich geht es auch umgekehrt: Verlieren Sie sich schnell in zwischenmenschlichen Beziehungen, da das Bedürfnis nach Harmonie die Überhand gewinnt, ganz gleich, ob dadurch andere Bereiche Ihres Lebens leiden und zu kurz kommen?

Werfen Sie also während des Lesens immer auch einen genauen Blick auf Ihr eigenes „Beziehungsleben". Nur so lernen Sie, jene negativen und oftmals destruktiven Seiten der „sieben Basisgefühle" besser zu verstehen und damit besser kontrollieren zu können. Wie genau Sie das erreichen, erfahren Sie im weiteren Verlauf des Buches.

4. Selbstorganisation/Motivation

Hier wird es ein wenig kompliziert und die Meinungen zum Zusammenhang zwischen Motivation und EQ gehen zum Teil stark auseinander. Fest steht, dass es nicht ausreicht, gute Ideen zu haben oder Pläne zu schmieden, sondern dass es auch notwendig ist, zu wissen, wie diese in die Praxis umgesetzt werden. Selbstmotivation beschreibt die innere Kraft, den inneren Antrieb, der uns dazu anspornt, unsere Ziele in die Wirklichkeit umzusetzen, also zu planen, zu organisieren und (erfolgreich) zu Ende zu bringen.

Sie bewahrt uns davor, allzu früh „das Handtuch zu werfen", ein Problem, welches auch viele talentierte und kreative Menschen haben. An dieser Stelle soll betont werden, dass wissenschaftlich noch wenige Beweise für einen Zusammenhang zwischen einem hohen EQ und einer hohen Arbeitsmotivation existieren – was sich in Form von „EQ-Seminaren" in zahlreichen Firmen und

Unternehmen überaus praktisch vermarkten lässt und daher oft in einem Atemzug Erwähnung findet.

Selbstkontrolle spielt in der Tat eine wichtige Rolle, wenn es darum geht, sich erfolgreich zu motivieren. Der Rückschluss liegt also nahe, dass Motivation einen Aspekt des EQ ausmacht, obgleich bei der Aufzählung Krankheitsbilder wie das Aufmerksamkeitsdefizit-Syndrom (ADHS) ignoriert werden.

Ein anderer Rückschluss, der Selbstmotivation mit einem hohen EQ in Verbindung bringt: Eine emotional intelligente Person besitzt ein gesundes Maß an Neugierde. Sie fühlt sich von neuen Dingen herausgefordert und ist bereit, diese zu ergründen – jenseits externer Belohnungen wie Anerkennung, Geld oder Ruhm. Emotional intelligente Personen besitzen daher eine intrinsische Neugier, die also von „externen Anreizen" unabhängig existiert. Man könnte auch sagen, dass das Erleben, die Erfahrung und das Wissen den eigentlichen Antrieb der Selbstmotivation darstellen.

5. Selbstkontrolle

Gefühle und Impulse lassen sich nicht einfach abstellen, ebenso wenig wie Instinkte, allen voran der Sexualtrieb, nicht einfach überwunden werden können. Gelegentlich kann das eine frustrierende Erkenntnis sein, die unserer Vorstellung vom „freien Willen" einen Strich durch die Rechnung macht.

Auch wenn uns viele Gefühle auf eine „instinktive" Weise überwältigen – den Aufbau des Gehirns haben Sie bereits kennengelernt –, kann mit etwas Übung Einfluss auf die Intensität der Gefühle, Emotionen und Impulse genommen werden. Selbstkontrolle spielt eine wichtige Rolle dabei, wie sich Ihre emotionale Intelligenz in der Praxis zeigt – denn wenn es ernst wird, gilt vor allem: Ruhig bleiben und die Haltung bewahren! Wie schädlich sich Kontrollverlust auf Körper und Geist auswirkt, soll anschließend am Beispiel Stress verdeutlicht werden.

In der Praxis zeigen sich jene fünf Standardkompetenzen nicht gleichmäßig stark ausgeprägt. Jemand kann überdurchschnittlich empathisch und selbstreflektiert sein, dafür aber eine schlechte Selbstorganisation aufweisen, die wiederum zu Problemen in Alltag und Beruf führt – trotz hohem EQ. Während Sie sich ausgiebig mit dem Thema beschäftigen, sollten Sie daher immer einen genauen Blick auf die eigenen Stärken und Schwächen werfen und schauen, wo im „EQ-

Spektrum“ Sie Ihre fünf Standardkompetenzen verorten würden. Jene Bewusstmachung ist bereits der erste Schritt zu mehr emotionaler Intelligenz.

Gut zu wissen: Historisch gehen die ältesten Konzepte von Achtsamkeit und Selbstreflexion auf den Buddhismus zurück, der bereits über 4000 Jahre alt ist. Ein kleiner Ausflug in den Buddhismus sowie sein westliches, philosophisches Äquivalent, die griechische Stoa, soll in einem späteren Kapitel kurz vorgenommen werden.

KLEINER EXKURS STRESS: GIFT FÜR KÖRPER UND GEIST

Jeder kennt das Gefühl, die Kontrolle zu verlieren und den Stress immer stärker in sich zu spüren. Das Herz schlägt schneller, die Hände beginnen zu schwitzen, und der Verstand wird regelrecht „vernebelt“. Doch was genau ist Stress, was richtet dieser in unserem Körper an und warum ist es so wichtig, Stressresistenz zu entwickeln – auch im Hinblick auf emotionale Intelligenz?

Ein chronisch erhöhter Stresspegel, ein Phänomen vieler Leistungsgesellschaften, kann verheerende Folgen für die körperliche und psychische Gesundheit haben. Man spricht auch vom „negativen" Stress, der nachweislich Gehirnzellen beschädigen und die Gehirngröße verringern kann.

Das „Stresszentrum" des menschlichen Gehirns, die Amygdala, befindet sich in der Mitte des Gehirns und besitzt die Größe einer Mandel. Eine Situation, die wir als „stressig" empfinden, löst von hier aus gleich mehrere körperliche Reaktionen aus: Zunächst wird Glukose ins Gehirn transportiert, was das Denken kurzzeitig verbessert, die Herzfrequenz erhöht und die Durchblutung verbessert.

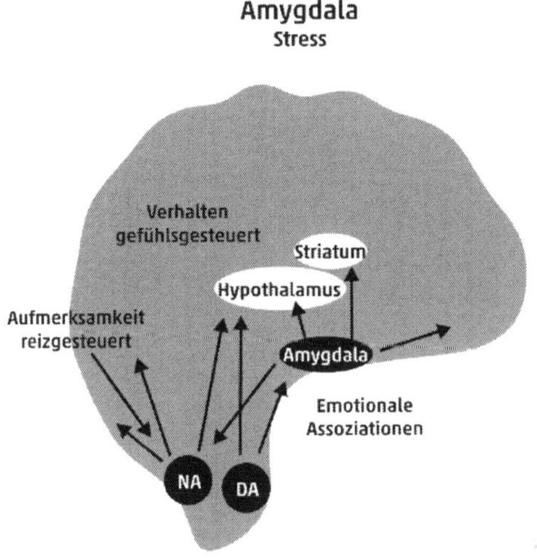

Die Amygdala sendet Signale zur Nebenniere, die sich etwas oberhalb der Leber befindet und die Hormone Adrenalin, Norepinephrin und Cortisol produziert, die anschließend in den Blutkreislauf entlassen werden. **Cortisol ist auch als „Stresshormon" bekannt: Es wirkt sich neben der Erhöhung des Blutzuckers (bei chronischem Stress) auf mehrere Arten negativ aus:**

- auf die Verdauung, die Blutfettwerte sowie auf die psychische Gesundheit
- Stress schwächt das Immunsystem, indem er massiv in den Hormonstoffwechsel eingreift (Cortisol).
- wirkt sich auf Lungen und Bronchien aus und kann im Extremfall sogar zu Asthma führen
- führt zu Problemen des Bewegungsapparates aufgrund von Daueranspannung, darunter zu Migräne und Schmerzen in Kiefer, Nacken und Rücken, wo sich Stress

besonders häufig auf die Muskulatur auswirkt

Stress löst eine regelrechte Kaskade negativer Reaktionen im menschlichen Körper aus, wobei vor allem der veränderte Hormonhaushalt zu massiven körperlichen Veränderungen führt. All dies beeinflusst das Verhalten, noch bevor das Gehirn die entsprechende Situation erfassen kann: Sie sind unruhig, leicht reizbar, leiden im schlimmsten Falle unter Schmerzen und es mangelt an Belastbarkeit.

Was dem Körper und Geist in lebensbedrohlichen Situationen – der eigentliche „Existenzgrund" für Stress – nützlich war und das Überleben sicherte, hat sich im modernen Alltag auf zahlreiche Lebensbereiche ausgeweitet, sodass sich viele Menschen in einer chronischen „Daueralarmbereitschaft" befinden. Und auch der präfrontale Cortex leidet unter einem ständig erhöhten Stresspegel und somit die Hirnregion, in der alle Informationen „zusammenlaufen", die für Entscheidungen zuständig ist und die außerdem in engem Austausch mit der Amygdala steht.

Ein besonders wichtiger Aspekt der emotionalen Intelligenz lautet daher: Selbstkontrolle in schwierigen Situationen zu entwickeln und somit zu verhindern, in negativen Emotionen allzu schnell den Kopf zu verlieren. Mit anderen Worten: Werden Sie stressresistent! Wie wichtig das nicht nur für den Einzelnen, sondern auch für die gesamte Gesellschaft ist, zeigen aktuelle Umfragen innerhalb der Bevölkerung: Allein in Deutschland geben rund 80 % der Befragten an, regelmäßig unter Stress zu leiden. Man kann also davon ausgehen, dass jene 80 % auch dringende Nachhilfe in Sachen EQ benötigen.

Die gute Nachricht lautet, dass Sie nicht nur auf Ihr Verhalten, sondern auch auf Ihr Gehirn aktiven Einfluss nehmen können. Bei Letzterem spricht man vom Begriff der Neuroplastizität: Sie führt zum Wachstum neuer Nervenzellen und Nervenbahnen. Mit gezieltem Training können Sie aktiven Einfluss auf die Amygdala nehmen, somit den Stresspegel verringern und mit der Zeit einen regelrechten „Stress-Schutzschild" bilden.

Verschiedene Kulturen und Glaubensgemeinschaften, darunter der altindische Ayurveda, praktizieren dies seit Jahrtausenden in Form von Meditation, einer (mittlerweile wissenschaftlich erwiesenen) Methode, Einfluss auf Stress und ungewünschte Gefühle zu nehmen. Für die emotionale Intelligenz spielt jener Faktor eine bedeutende Rolle. Im weiteren Verlauf des Buches erhalten Sie eine genaue Anleitung für einzelne Übungen, die sich bei regelmäßiger Anwendung positiv auf das Gehirn auswirken und zu mehr Selbstkontrolle führen.

IQ VS. EQ? WARUM DER EQ WICHTIGER FÜR EIN ERFOLGREICHES LEBEN IST

Haben Sie sich schon einmal gewundert, warum auch „intelligente Menschen" dummes, rücksichtsloses und völlig unangebrachtes Verhalten an den Tag legen? Stellt so etwas nicht eher einen Beweis für Dummheit dar? Zahlreiche Beispiele kennen Sie sicher nicht nur aus Ihrem persönlichen Umfeld (oder gar von sich selbst!), sondern auch aus den Medien, von zahlreichen Akademikern und CEOs.

Dieser Widerspruch beschäftigte auch die beiden Wissenschaftler Salvoy und John Mayer, die „Entdecker des „EQ", die Sie bereits im ersten Kapitel kennengelernt haben. Rückblickend, so schildert Salvoy, kam ihnen die Idee für die Studie, nachdem ein begabter Nachwuchspolitiker einen besonders ungünstigen öffentlichen Auftritt an den Tag gelegt hatte, das Publikum kopfschüttelnd zurückließ und die beiden sich fragten, wie es möglich sei, dass sich auch intelligente Menschen dumm verhalten können. Jener vielversprechende Nachwuchspolitiker bildete daher das erste „Forschungsobjekt", welches jenen scheinbaren Widerspruch eindringlich veranschaulichte, dass der IQ allgemein überbewertet wird – wenn es sonst am EQ mangelt.

Obwohl die emotionale Intelligenz in den letzten Dekaden an Bedeutung gewann, steht sie in der breiten Öffentlichkeit nach wie vor im Schatten des Intelligenzquotienten. Anders als beim EQ misst dieser die kognitiven Fähigkeiten einer Person nach genormten, wissenschaftlichen Testkriterien. Der Begriff kognitiv stammt aus dem Lateinischen von cognoscere, was so viel wie „kennen" oder „wissen" bedeutet. Gemeint sind damit alle Funktionen, die mit Lernen, Erinnern, Denken und natürlich mit dem Besitz von Wissen zusammenhängen.

IQ-Tests beinhalten in der Regel Aufgaben zu folgenden Themenbereichen:

- Logisches Denkvermögen
- Vokabular
- Kurzzeitige Erinnerungsfähigkeit
- Geometrie, Mathematik
- Aufmerksamkeitstests
- Visuell-räumliches Denkvermögen

Was kann da schon schiefgehen? Leider einiges, sodass der IQ als „objektiver Messwert“ von vielen Wissenschaftlern kritisiert wird. Und mehr als das: Der IQ hat, im Vergleich zum EQ, einen deutlich geringeren Einfluss darauf, wie erfolgreich Sie im Leben sein werden. Seine Geschichte geht zurück in die Zeit des Ersten Weltkrieges, als er der US-Army dabei half, geeignete Soldaten nach bestimmten (genormten) Kriterien für den Armeedienst auszuwählen.

Rund 2 Millionen Männer im dienstfähigen Alter wurden 1914 zum ersten standardisierten Kognitionstest rekrutiert. Entwickelt wurde jener „Proto-IQ-Test“ vom Psychologen Lewis Terman der Stanford University und inhaltlich gibt er so einigen Aufschluss über den damaligen Zeitgeist: Er ist geprägt von Pragmatismus und einem allzu optimistischen Vertrauen in die empirischen Wissenschaften – kurz: alles, ja, selbst die Summe der menschlichen Fähigkeiten lässt sich genau messen und ermitteln.

Das Ergebnis ist ebenfalls deutlich: Die Person ist entweder intelligent oder nicht, je nachdem, was die Testergebnisse sagen. In der Realität ist dies deutlich schwieriger. Unser Leben besteht zum großen Teil aus sozialen Beziehungen, doch ausgerechnet jene wichtigen Kompetenzen („Social Skills“) werden vom herkömmlichen IQ-Test ignoriert (und das, obwohl diese auch beim Militärdienst eine wichtige Rolle spielen sollten). Bis heute existieren Hunderte von IQ-Tests, die sich hauptsächlich an zwei Modellen orientieren: der Stanford Binet Intelligence Scale und dem Wechsler-Test.

Doch die Kontroverse um den Intelligenzquotienten beginnt schon beim

Problem, dass nach wie vor kein eindeutiger Konsens darüber herrscht, was Intelligenz explizit bedeutet. Und wie soll es so möglich sein, mit nur wenigen Fragen die Komplexität dessen zu erfassen, was das menschliche Gehirn in der Lage ist, zu bewerkstelligen? Die Definitionen von Intelligenz variieren stark: So beschreibt der Psychologe M. Anderson Intelligenz als die Fähigkeit zum Denken, zum Lösen verschiedener Probleme, zum Planen, Organisieren sowie, etwas allgemein, als den „Besitz von Vernunft".

Der berühmte Physiker Albert Einstein bezeichnet Intelligenz als eine Bandbreite verschiedener Fähigkeiten, die das Überleben unter bestimmten Umständen und innerhalb bestimmter kultureller Gegebenheiten sichert. Mit anderen Worten: Intelligenz bedeutet Anpassungsfähigkeit. Und der Psychologieprofessor **Edwin Boring bemerkt schlicht, dass Intelligenz das sei, was der Intelligenztest als Ergebnis anzeige.** Letztere Erklärung, so unbefriedigend sie auch klingen mag, kann man wohl als die zutreffendste der Definitionen gelten lassen, denn wer darüber entscheidet, was Intelligenz beinhaltet, der entscheidet gleichzeitig auch, welche Aspekte ignoriert werden.

Wer „misst" etwa die vielen Talente, gibt Auskunft über Kreativität und Spontaneität oder darüber, wie die Person zwischenmenschliche Probleme angeht oder sich rücksichtsvoll im Alltag verhält, statt nur am eigenen Wohlbefinden interessiert zu sein? Und was, wenn die Person zum Zeitpunkt des Tests unter starker Nervosität, starker Prüfungsangst oder Schlafstörungen leidet oder schlichtweg „einen schlechten Tag" hatte? All dies und noch mehr kann das Ergebnis immens beeinflussen.

Die Universität von Ontario in Kanada hat dazu im Jahr 2012 die bis heute größte Studie zum Thema Intelligenzquotient veröffentlicht. Dafür nahmen insgesamt 100.000 Personen an einem Onlinetest teil, welcher nach den gängigen Methoden zur Ermittlung des IQs genormt war. Die Probanden mussten in zwölf Teilen Aufgaben zum Thema Erinnerungsvermögen, strategisches Denken, Planungsvermögen und logisches Denkvermögen lösen. Anschließend wurden die Ergebnisse ausgewertet, wobei die Forscher unter Leitung eines Neurologen zu dem Schluss kamen, dass die standardisierten Tests überaus unpräzise Angaben über die tatsächlich vorhandenen kognitiven Fähigkeiten der Person machten –

gerade, weil der menschliche Intellekt so komplex ist, und gerade, weil Emotionen dabei eine wichtige Rolle spielen.

„Mit fortschreitender Erkenntnis über den Intellekt weiß man heute, dass für ihn mehrere „Schaltungen“ im Gehirn zuständig sind und jede davon ihre ganz eigenen, individuellen Kapazitäten besitzt. Eine Person kann in einem Bereich hervorragende Ergebnisse bringen, in einem anderen jedoch schlecht abschneiden“, so Dr. Highfield, Co-Autor der Studie, die nach Veröffentlichung im Wissenschaftsmagazin Neuron zu einer breiten öffentlichen Diskussion über die Mängel von IQ-Tests führte.

Autor Daniel Goleman geht so weit und behauptet, dass nur etwa 20 % des Intelligenzquotienten den späteren Erfolg im Leben determinieren, wohingegen er die restlichen 80 % der emotionalen Intelligenz zuschreibt. Ganz gleich also, wie schlecht Sie beim IQ-Eignungstest abgeschnitten haben: Deuten Sie das Ergebnis nicht als böses Omen für die Zukunft! Wie Sie bereits erfahren haben, lässt sich Intelligenz, anders als die als angeboren geltenden kognitiven Fähigkeiten, trainieren und somit auch verbessern. Und wenn Sie über den praktischen Nutzen von IQ und EQ nachdenken: Gelten Sie als guter Freund und Partner aufgrund der Fähigkeit, in kurzer Zeit ein Zahlenrätsel zu lösen, oder aufgrund Ihrer Empathie und „sozialen Ader“, die sich sowohl beruflich als auch privat immer bewährt hat?

Wie unterscheidet sich das Verhalten „emotional intelligenter“ und „emotional unintelligenter“ Menschen? Immerhin finden Letztere sich in allen sozialen Schichten und Bildungsniveaus und sind somit nicht „auf Anhieb“ zu erkennen. Dazu ein einfaches **Beispiel** aus dem Alltag:

Nach einem langen Tag ist Stefan müde und kommt völlig erschöpft von der Arbeit. Die Straßenbahn ist voll, sodass sich Stefan zusammen mit den anderen Passagieren in den Gang zwängen muss. Etwas sticht ihm von hinten in den Rücken, was er zunächst als kleines Versehen abwinkt. Kurze Zeit später sticht es ihn ein weiteres Mal, gefolgt von einem dritten Mal. Er wundert sich, ist genervt und dreht sich um, um die Person zu bitten, endlich damit aufzuhören. Dabei muss er feststellen, dass es sich um einen alten, blinden Mann handelt. Sofort schämt sich Stefan für das Gefühl der Wut, das er noch einige Sekunden vorher empfunden hatte.

Der emotional intelligente Stefan realisiert also, dass seine Wut nicht nur unnötig, sondern auch unberechtigt war, sodass diese sich in Scham über sein vorschnelles Urteilen verwandelt hat. Eine emotional intelligente Person kann sich genervt, gestresst oder ängstlich fühlen, hat jedoch nicht nur Kontrolle über seine Impulse, sondern kann auch negative Gefühle schnell identifizieren und schnell die Kontrolle über sie gewinnen. Ein emotional unintelligenter Stefan würde dagegen an seinem Gefühl der Wut festhalten – immerhin versetzt ihm der Mann, blind oder nicht, unangenehme Stöße und verletzt damit seine Privatsphäre. Beim EQ spielt also auch der Kontext immer eine Rolle: Sie sind in der Lage, schnell auf Ihr Umfeld zu reagieren und sich dank Selbstreflexion und Lernfähigkeit nicht an negativen Gefühlen festzuhalten, sondern aktiv Einfluss auf diese zu nehmen.

DIE KUNST DER GELASSENHEIT: WAS WIR VON BUDDHA UND DEN ANTIKEN GRIECHEN LERNEN KÖNNEN

Jeder, der schon einmal in den asiatischen Raum gereist ist, wird ihn mit einem entspannten Gesichtsausdruck, dem runden Bauch und einem zufriedenen Grinsen im Gesicht irgendwo sitzen gesehen haben: Buddha. Nach seinen Lehren empfindet der Mensch Hass, Stress, Sorgen und Ängste gerade wegen seines zwanghaften Vermeidens von allem, was negativ ist und unser Leben kreuzt. Dadurch manifestieren sich negative Gedanken und Gefühle in uns – der Glaube daran, Kontrolle über das Gute sowie das Schlechte zu erlangen, ist ein kollektiver Realitätsverlust, wenn Sie so wollen. In Wirklichkeit begegnen uns negative Dinge, Schicksalsschläge und unverhoffte Probleme, kurz: Schmerz, immerzu.

Sie stellen einen festen Bestandteil des Lebens dar, genauso wie das Gute. Und wer versucht, der Realität aus dem Weg zu gehen, der bekommt irgendwann Probleme, wenn Schwierigkeiten auf die Illusion treffen, diese vermeiden zu können. In der Regel zeigt sich das durch den schlechten Umgang mit negativem Input (Verzweiflung, Hass etc.) – all jene Emotionen und Gefühle, die uns in Denken und Handeln am Ende negativ beherrschen. Doch, obgleich Schmerz unvermeidbar ist, so lässt sich Leiden vermeiden oder zumindest deutlich abschwächen.

Der Buddhismus beschreibt dies am Beispiel der zwei Pfeile, mit denen der Mensch getroffen wird: Der erste stellt die unvermeidlichen Dinge des Lebens dar, darunter auch Schmerz. Der zweite Pfeil ist jedoch der, mit dem wir uns selbst „ins Bein schießen“, die Reaktion auf jene unvermeidlichen Schicksalsschläge, die aus psychischen Problemen, Ängsten und einem zwanghaften Unterdrücken unschöner Dinge und Erinnerungen resultiert. Man verliert sich dabei sprichwörtlich selbst.

Buddhisten glauben, dass sich jener erste Pfeil nicht vermeiden lässt, man allerdings den zweiten „selbst zugefügten" Schmerz vermeiden kann, indem bestimmte Aspekte des Lebens akzeptiert werden – darunter auch die eigenen Gefühle, ohne sich jedoch von den negativen (unvermeidlichen) Dingen des Lebens kontrollieren zu lassen. Das Leben befindet sich in einem ständigen Wandel und so auch der Mensch mitsamt seiner Innenwelt. Statt also an altem Schmerz festzuhalten, sollte man lernen, die schlechten Dinge „durch sich hindurchlaufen lassen“, sodass sie irgendwann verblassen können. Übrigens gelingt dies nicht allein durch die richtigen Gedanken, sondern man benötigt ausreichend Training – darunter Meditationsübungen, die Sie auch hier im Buch finden und regelmäßig anwenden sollten.

Eine dem Buddhismus in vielen Weisen ähnliche Philosophie und gleichzeitig der wohl älteste „Ratgeber“ zum Thema emotionale Intelligenz in der westlichen Welt entstand ebenfalls lange vor der Moderne – etwa 300 Jahre vor Christus – und ist bis heute unter dem Namen Stoizismus bekannt. Den Begriff „stoisch“ haben Sie sicher schon einmal gehört und er bringt die Quintessenz jener Philosophie auf den Punkt: beharrlich zum Ziel und sich von nichts aus der Ruhe bringen lassen. Ihr Gründer war der griechische Philosoph Zeno von Kition, benannt wurde der Stoizismus nach der Stoa, einem Säulengang im antiken Griechenland. In diesem tummelten sich in der Regel die vielen Philosophen und Universalgelehrten, die dort diskutierten und öffentliche Vorträge hielten.

Neben Logik und Fragen rund um die Natur und das Universum drehte sich bei den Stoikern alles um das Thema Ethik, Moral und gute Lebensführung. Ihr Ziel war weder Reichtum, Ruhm noch Macht, sondern wie sich durch Selbstkontrolle die Kontrolle über negative Impulse und vor allem durch Nachdenken und Beobachten das „höchste Gut“ erreichen lässt. Für die Stoiker lautete dies: Zufriedenheit, jener Zustand, in welchem „die Seele mit dem Universum im Gleichgewicht sei“ (im stoischen Verständnis übrigens auch jenseits allzu extremer Gefühlsempfindungen wie Aufregung oder Euphorie).

So weit müssen Sie selbstverständlich nicht gehen, allerdings hat die Stoa bis heute nichts von ihrer Faszination verloren und kann daher auch auf Ihrer persönlichen Reise zu mehr Selbstkontrolle als Inspirationsquelle dienen. Für die Stoiker gab es Dinge, die sich ändern lassen, darunter allen voran die eigene Perspektive auf das Leben, sowie Dinge, die unverändert bleiben und bei denen es sich folglich auch nicht lohnt, in Verzweiflung und weitere extreme Gefühlsausbrüche zu verfallen.

„Nur die, die nichts lieben und nichts hassen, tragen keine Fesseln.“ – Buddha

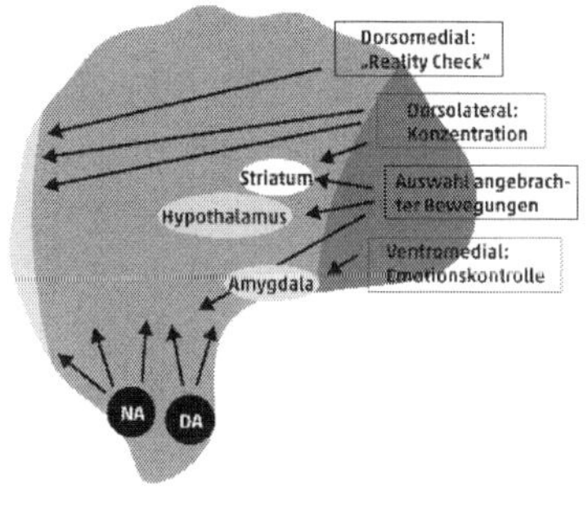

Wahre Freiheit, und das gilt sowohl bei den Stoikern als auch bei den Buddhisten, findet derjenige, der Herr über seine Gefühle ist und nicht umgekehrt seinen Impulsen und Gefühlen schutzlos ausgeliefert ist – ein „Sklave der eigenen Gefühle“ ist. Im Laufe der zunehmenden Modernisierung und des chronischen Alltagsstresses scheint uns jene Fähigkeit zur Gelassenheit abhandengekommen zu sein. Ein Grund mehr, sich mit den alten Weisheiten zu inspirieren, denn diese sind heute aktueller denn je.

Was der Darm mit unseren Gefühlen zu tun hat – und wie er unsere Entscheidungen beeinflusst

DAS DARM-HIRN

So komplex das menschliche Gehirn auch ist, steht es mit einem weiteren Organ im Zusammenhang, welches zunehmende Beachtung vonseiten Psychologen und Verhaltensforschern erhält: der Darm! Völlig zu Unrecht wurde dieser lange Zeit tabuisiert – er gilt als unangenehmes Gesprächsthema und wird daher häufig schlicht „verschwiegen", wenn es zum Thema Gesundheit kommt.

Was viele nicht wissen: Der Darm ist nicht nur Sitz unseres Immunsystems (rund 70 % aller Immunzellen befinden sich dort), sondern beeinflusst auch unsere Gefühle, Entscheidungen und unser Handeln. In der Neurowissenschaft wird deshalb auch vom Darm-Hirn gesprochen. Als einer der „Pioniere" der Darm-Hirn-Theorie gilt der portugiesisch-amerikanische Neurologe Antonio Damasio, der zahlreiche Texte über unser „zweites Gehirn" publizierte und ihm so aus seinem Schattendasein verhalf.

Im Darm finden sich über 100.000 Nervenzellen, die man sonst nur im Gehirn antrifft – das sogenannte enterische Nervensystem, ein erst kürzlich entdecktes, „zusätzliches" neuronales Netzwerk im menschlichen Körper. Ein zweites Gehirn! Schon lange kennt man den Begriff des „Bauchgefühls" und jeder weiß, was damit gemeint ist, ohne das Phänomen genau erklären zu können. Irgendwo zwischen Intuition und Eingebung: Das Bauchgefühl liegt selten falsch – das konnten selbst Studien nachweisen, in denen Entscheidungen der Probanden erstaunlich akkurat ausfielen und sich, so die Wissenschaftler, dies nicht mit „reinem Zufall" oder „Glück" erklären ließ.

Dass der Darm im Zusammenhang mit psychischen Störungen steht, wurde in der jüngeren Vergangenheit ausführlicher untersucht. Etwa zwei Drittel aller an Depressionen und Nervosität erkrankten Menschen leiden auch unter Darmbeschwerden. Übrigens: Eine gestörte Darmflora steht nicht nur in direktem Zusammenhang mit neurodegenerativen Krankheiten wie Alzheimer, sondern auch mit Autismus und Nervosität.

Wenig überraschend also, dass er als „zweites Gehirn“ für die Fähigkeit zur emotionalen Intelligenz eine wichtige Rolle spielt. Forscher fanden heraus, dass vor allem die individuelle Zusammensetzung der Darmflora von Bedeutung ist. Sie stellt ein eigenes Mikrouniversum im menschlichen Körper dar: mit rund 70 Milliarden Bakterien sowie weiteren Mikroorganismen (Archaea, Viren und Pilze), die sowohl die Verdauung regulieren als auch Vitamine und Hormone herstellen, darunter etwa das „stimmungsaufhellende“ Serotonin oder das „Stresshormon“ Cortisol.

Das Nervous-Gut-Syndrom ist nur einer von vielen Begleitern, den viele nur allzu gut kennen: Leiden Sie unter Stress, so spielt in der Regel auch der Darm verrückt, mit der Folge, entweder unter Bauchkrämpfen oder Verdauungsproblemen zu leiden. Chronischer Stress lähmt nicht nur die Darmmobilität, sondern schwächt auch die Darmschleimhaut – wodurch sich die Gefahr erhöht, dass Bakterien aus dem Darm in den Körper eindringen.

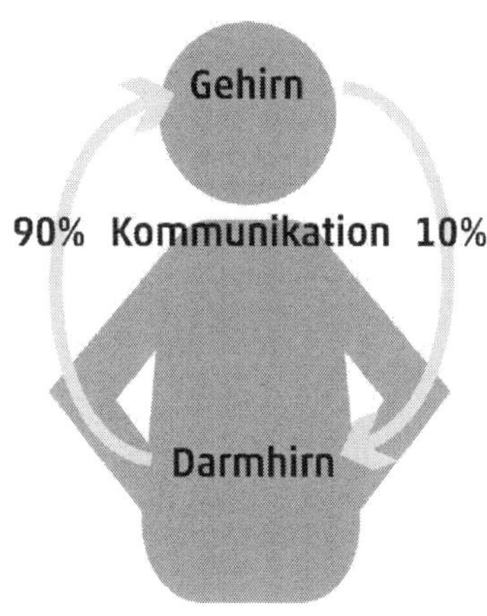

BRAIN FOODS: BESSER DENKEN MIT MESSER & GABEL

„Du bist, was du isst!" – Wussten Sie aber auch, dass unsere Essgewohnheiten nicht nur einen Einfluss auf unsere Gesundheit und unser Wohlbefinden haben, sondern auch das Sozialverhalten beeinflussen? Und selbst über die Qualität und Quantität der Gehirnzellen entscheiden? Was der Volksmund schon lange weiß, konnte in den letzten Jahren auch durch wissenschaftliche Studien zunehmend nachgewiesen werden: Die richtige Ernährung verbessert nicht nur die kognitiven Funktionen, sondern spielt auch eine bedeutende Rolle für die emotionale Entwicklung. Und mehr als das: Ernährung kann sich sowohl positiv als auch negativ auf Nervosität, Stress und selbst auf Depressionen auswirken. Wer einen klaren Kopf benötigt, der kommt nicht darum herum, sich mit dem Zusammenhang zwischen Ernährung und Gehirnleistung zu beschäftigen.

Unser Gehirn verbrennt täglich rund 260 Kalorien – rund 11 Kalorien pro Stunde. Neben Kohlenhydraten benötigt es weitere Nährstoffe für die Aufrechterhaltung aller Funktionen – rund 700 Neuronen werden täglich erneuert und dies funktioniert nur, wenn die nötigen Nährstoffe zum Aufbau bereitstehen.

Nachfolgend eine Liste der besten Lebensmittel und Inhaltsstoffe für Ihr Gehirn.

Nährstoffe	Aufgaben für das Gehirn	Lebensmittel
Omega-3-Fettsäuren (vor allem EPA und DHA)	• Regulieren Neurotransmitter Dopamin und Serotonin • Entzündungshemmend • Wirken entspannend und reduzieren Stress • beruhigend • vermindern nervöse Zustände bis hin zu Depressionen • Das Gehirn kann sich schneller an Veränderungen anpassen	• Lachs und fetter Fisch • Rindfleisch (Rinder mit Gras gefüttert!) • Leinöl • Nüsse

Vitamin D	• Sorgt in seiner Rolle als Neurosteroid für den Aufbau und Erhalt der Gehirnzellen • Stimuliert Antioxidantien (vor allem das Gehirn schützende GSH) • Schützt das Immunsystem und dadurch auch die Blut-Hirn-Schranke • Reguliert Melatoninproduktion • Hilft bei Nervosität und Schlafproblemen • Verbessert die Stimmung	• Milchprodukte • Rinderleber (Rinder mit Gras gefüttert!) • Vollkornprodukte • Eigelb • Champignons
Antioxidantien	• Entzündungshemmend • An der Regulation verschiedener Neurotransmitter (Serotonin, Dopamin, GABA) beteiligt • An der Regulation der HPA-Achse im Gehirn beteiligt (Stressregulation) • Entzündungen im Gehirn werden abgebaut • Bessere Stressresistenz • Unterstützt die Regeneration von Gehirnzellen • Entzündungen im Gehirn werden abgebaut • Bessere Stressresistenz	• (vor allem dunkle) Beeren • Grüner Tee • Zistrose • Granatapfel • grünes Blattgemüse • Weizengras • Zitrusfrüchte
Aminosäure Tryptophan	• Vorstufe von Serotonin • Wirkt stimmungsaufhellend und entspannend • Wird zum Aufbau von Neurotransmittern und Neuromodulatoren benötigt	• Eier • Bananen • Thunfisch • Käse • Haferflocken

		• Gelatine (vor allem reich an Glyzin)
Probiotika	• Verbessern die BDNF-Anteile im Gehirn (Neurotrop für das Wachstum von Gehirnzellen) • Verbessern Stimmung und Kognition • Vor allem Laktobazillus und Bifidobakterium helfen bei „Brain fog“ (Konzentrationsproblemen) • Wirken als Neurotrop vorbeugend gegen Alzheimer und neurodegenerative Krankheiten	• Joghurt, Kefir • Fermentierte Lebensmittel (Sauerkraut, eingelegtes Gemüse, Tempeh)
Magnesium	• Benötigt für Erinnerung und Lernfähigkeit (indem Mg als Vermittler zwischen NMDA-Rezeptoren wirkt) • Schützt Nervenzellen vor Überreizung • Entspannt die Muskulatur	• Grünes Blattgemüse • Hülsenfrüchte • Bananen • Vollkornwaren

Weitere Superfoods*:

Kurkuma	Kumin wirkt neurotropisch und fördert das Wachstum neuer Gehirnzellen, schützt vor Entzündungen und hilft bei Stimmungsschwankungen. Baut Amyloid-Plaque ab
Grüner Tee	Schützt vor Alzheimer und Parkinson
Kaffee	Blockiert das „schlaffördernde“ Hormon Adenosin, erhöht die Konzentration und wirkt stimmungsaufhellend
Dunkle Schokolade (mind. 70 % Kakaoanteil)	Flavonoide (bestimmte Antioxidantien) im Kakao verbessern nachweislich die

	Gehirnfunktion und schützen vor neurodegenerativen Krankheiten.
Ashwagandha	Erhöht den Anteil an Acetylcholin im Gehirn (einem Neurotransmitter), was Erinnerungsvermögen, Konzentration und Stressresistenz verbessert
Ginseng	Wirkt neuroprotektiv, reduziert Stresshormone und verbessert die Konzentration
Eier	Folsäure, B_2, B_6 und Cholin verbessern das Erinnerungsvermögen und regulieren Stress.
Safran	Balanciert den Hormonhaushalt im Gehirn und verbessert so Stimmung und Schlafqualität.
Rhodiola-Extrakt	Adaptogen, welches nicht nur die Gehirnfunktionen schützt, sondern auch bei Verwirrung („Brain Fog“) hilft.

* Die Angaben basieren auf wissenschaftlichen Studien.

Tipp: Erstellen Sie sich einen persönlichen Speiseplan, um das Gehirn zusätzlich zu „pushen“, indem Sie sich an den o. g. Listen orientieren. Verzichten Sie abends ferner auf schwere Mahlzeiten. Im Idealfall sollten Sie bereits vier Stunden vor dem Zubettgehen das Essen einstellen, sodass sich der Körper (und das Gehirn) während des Schlafes regenerieren kann, statt unnötig mit Verdauen beschäftigt zu sein. Zahlreiche Lebensmittel, darunter Zucker oder Geschmacksverstärker, haben einen nachweislich negativen Effekt auf unsere Konzentration oder führen zu einem erhöhten Ausstoß des „Stresshormons“ Cortisol. All das beeinträchtigt unser Fühlen, Handeln und Entscheiden und macht das individuelle Verhalten wieder abhängig von äußeren Einflussfaktoren.

Fazit: Der Einfluss des Darms auf Gefühle, Denken, Handlungsfähigkeit sowie allgemein auf die psychische Gesundheit kann nicht oft genug betont werden und sollte unbedingt in Ihr „EQ-Training“ einbezogen werden.

Emotionale Intelligenz im sozialen Alltag

DIE MATHEMATIK DER FREUNDLICHKEIT

Sicher haben Sie schon einmal von der goldenen Regel gehört. Deren berühmtester Vertreter war kein anderer als Jesus von Nazareth, allerdings ist die goldene Regel keine Erfindung des Christentums, sondern sie findet sich auch im Islam sowie in zahlreichen philosophischen Disziplinen, vom antiken Griechenland bis hin zur Epoche der Aufklärung und der modernen Philosophie des 19. und 20. Jahrhunderts.

Der berühmte Philosoph der Aufklärung, **Immanuel Kant**, nannte die goldene Regel den **kategorischen Imperativ**, der wie folgt lautet:

„Handle so, dass die Maxime deines Willens jederzeit zugleich als Prinzip einer allgemeinen Gesetzgebung dienen kann".

Mit anderen Worten:

„Verhalte dich so, wie du selbst auch behandelt werden willst".

In jener fast schon banal klingenden Weisheit verbirgt sich eine der wichtigsten Regeln, die auch für die emotionale Intelligenz von besonderer Bedeutung sind. Der emotional intelligente Mensch ist sich darüber bewusst, was seine Worte und sein Verhalten im Gegenüber auslösen und bewirken können. Keiner, der Empathie besitzt und selbst schon einmal ungerecht behandelt und verletzt wurde, möchte jenes Gefühl in einer anderen Person auslösen. Mithilfe der Empathie sind wir in der Lage, nicht nur Schmerz nachzuempfinden, sondern wir können auf unsere eigenen Erfahrungen zurückgreifen und unser zukünftiges Handeln entsprechend ausrichten: Wir wissen nicht nur, wie bestimmtes Verhalten unserer Mitmenschen verletzt, sondern auch, wie gut es sich anfühlt, Probleme auf eine „humane", diplomatische Weise zu lösen und mit Respekt behandelt zu werden.

Jenes „Dogma" ist weit mehr als nur ein religiöses Gebot, denn tatsächlich existiert für die „goldene Regel" auch ein mathematisches Konzept und somit, wenn Sie so wollen, eine mathematische Formel, welche die Vorteile jenes Verhaltens objektiv beweist: Martin Nowak ist Professor für Biologie, Mathematik und zudem bekennender Katholik. In Interviews betont er gern, dass sein persönlicher Glaube keinen Widerspruch zu seiner wissenschaftlichen Arbeit darstelle.

Zusammen mit seinem Team an der Universität Yale begab sich Nowak auf eine spannende und ungewöhnliche Reise: jene Regel in die mathematische Sprache der Formeln zu übersetzen. Dazu orientierten sich die Wissenschaftler am Modell der Reziprozität, welches sie auf soziale Interaktionen übertrugen. Reziprozität bedeutet, vereinfacht formuliert, dass alles in einer Wechselbeziehung zueinander steht, entsprechend dem Prinzip „Wie du mir, so ich dir!" Das Team entwickelte dazu mehrere Computermodelle, welche bestätigten, dass sich selbst bei spontanen freundlichen Gesten ohne reziproke Intention (= ohne die Erwartung, im Gegenzug etwas zurückzuerhalten) jenes Prinzip auch für zukünftige soziale Begegnungen bewährte.

Mit anderen Worten: Die Wahrscheinlichkeit, Gutes zurückzubekommen, steigt nachweislich an, wenn man selbst Gutes tut, und das auch zu einem späteren Zeitpunkt. Um wie viel besser das Leben wird, wenn man freundlich und ohne Aggressionen im Alltag agiert, sollte nun auch den letzten Skeptiker überzeugt haben. Doch auch hier gilt selbstverständlich, den Mittelweg zu finden zwischen Freundlichkeit und einem allzu ausgeprägten Altruismus – bei dem neben der sozialen Ader auch die Selbstliebe nicht zu kurz kommt und mithilfe der Selbstreflexion immer auch die eigenen Bedürfnisse bewusst sind.

EMOTIONALE INTELLIGENZ AM ARBEITSPLATZ

Ganz gleich, wie sehr man versucht, das Privatleben zu Hause zu lassen, es fällt manchmal schwer, die privaten Sorgen und Probleme nicht mit in das Büro zu nehmen. Was also tun, wenn man den Kopf für das Meeting freibekommen muss, in Wirklichkeit aber an den kranken Hund denken muss, die pubertäre Tochter, die Sorgen bereitet, oder den Beziehungsstress? Und wie zu allem Überfluss noch mit anstrengenden Kollegen und Vorgesetzten umgehen, ohne die Nerven zu verlieren?

Gerade, weil es Ihnen am Arbeitsplatz in der Regel nicht möglich ist, offen über Gefühle zu reden, wie bei Freunden und Familie, müssen Sie hier anders vorgehen als in vertrauten Kreisen. Nach wie vor werden gerade beruflich Gefühle als etwas Störendes empfunden, was jedoch die kontraproduktive Folge hat, dass Konflikte nicht kommuniziert werden, sondern irgendwann einfach ausbrechen.

1. Atmen Sie zunächst tief ein und aus. In einem späteren Kapitel soll noch einmal auf die Bedeutung „richtiger" Bauchatmung verwiesen werden (richtiges Atmen kann nicht nur Gefühlsausbrüche vermeiden, sondern baut auch Stresshormone ab).

2. Versuchen Sie, heiße Gefühle in „kalte" umzuwandeln. Statt Zorn (heiß) auf einen unsympathischen Kollegen oder eine Situation wechseln Sie bewusst auf ein „kaltes" Gefühl. Hierbei kann es helfen, nach dem Nutzen zu fragen: Welchen Nutzen ziehen Sie daraus, wenn Sie Ihren Kollegen nun wutentbrannt anschreien, weil er etwas (nicht oder anders) getan hat, als Sie es erwartet haben? Sehr wahrscheinlich wird Ihr Kollege sich erschrecken und entweder zurückbrüllen oder sich zurückziehen (Wut oder Angst als Reaktion auf Wut). In keinem Fall wird sich sein Verhalten zu Ihren Gunsten verändern. Wechseln Sie jedoch auf ein kaltes Gefühl, haben Sie besser Möglichkeiten, den Konflikt, der vielleicht auch nur ein Missverständnis ist, aufzuklären und mit dem Mitarbeiter eine konstruktive Lösung zu finden.

3. **Machen Sie Gebrauch von Ihrer Empathie!** Das erfordert ein ganzes Stück Training, denn immerhin wurden Sie verärgert. Es ist gut möglich, dass Ihr Kollege im Moment eine schwere Zeit durchmacht. Natürlich ist das keine Entschuldigung für unschönes Verhalten, es kann Ihnen persönlich jedoch als Erklärung hilfreich sein, die Situation nicht weiter an den Nerven zehren zu lassen.

Reflektieren Sie anschließend darüber, was negative Gefühle in Ihnen ausgelöst haben. Stellen Sie sich Fragen ähnlicher Natur:

1. Was hat mich so verärgert und sind dabei auch Gefühle aus meinem privaten Umfeld involviert, die mit der Situation im Grunde nichts zu tun haben? Falls ja, was kann ich tun, um Privates und Persönliches besser zu trennen?

2. Wie hätte ich bei einer anderen Person reagiert – wäre es da genauso ärgerlich?

3. Wie würde die Situation weiter verlaufen, wenn ich meiner Wut freien Lauf lassen würde? Was hätte ich damit erreicht?

4. Welche Optionen habe ich, die Person auf Ihr Verhalten anzusprechen (ist es ein Kollege oder ein besonders unsympathischer Chef, der womöglich über Ihren weiteren beruflichen Werdegang entscheiden kann)?

NICHT DEN KOPF VERLIEREN! KURZE UND EFFEKTIVE ENTSPANNUNGSÜBUNGEN FÜR DEN ARBEITSPLATZ

Am Arbeitsplatz die Yogamatte auszurollen, wenn der Chef oder Kollege Ihnen wieder zu viel abverlangt und Sie den Stress in sich aufkommen spüren, ist nur selten eine Option.

Trotzdem sollten Sie **in „akuten" Situationen versuchen, mit Beruhigungsübungen und einigen „Mental-Tricks" die Situation zu deeskalieren, um so wieder rationaler und klarer denken und handeln zu können.** Dies können Sie auch auf der Arbeit, ohne besonderes Aufsehen zu erregen oder die Yogamatte auszubreiten. **Folgende Übungen haben sich bewährt:**

1. Visualisieren

Auch, wenn der Name anderes vermuten lässt, so werden hier noch Tast- und Geschmackssinn, das Gehör sowie der Geruchssinn hinzugezogen. Durch das Konzentrieren wird die Aufmerksamkeit aktiv auf eine andere (positive) Sache gelenkt und die „heißen" Gefühle können sich abkühlen.

Es handelt sich hierbei um eine Form der Achtsamkeitsübung, bei der Sie bewusst Ihren Fokus auf Ihre Umgebung – von Ihren Emotionen fort – lenken, um auf diese Weise einen anderen Blickwinkel zu erhalten: Dadurch erhalten Sie die Möglichkeit, klarer zu sehen und rationaler zu agieren.

Beispiel: Schließen Sie die Augen (was sich sicher auch am Schreibtisch bewerkstelligen lässt) und stellen Sie sich einen Ort in Ihrer Fantasie vor, an dem Sie gern wären. Sie sollten ihn bereits kennen, sodass Sie im Zweifelsfall jenen „Ort des Friedens" immer schnell in den Gedanken aufrufen können. Wählen Sie dafür etwa den Strand Ihres letzten Urlaubs, an dem Sie morgens immer spazieren gingen.

Stellen Sie sich also vor, wie sich der helle, feine Sand anfühlt, wenn Sie barfuß über ihn laufen. Die Sonne scheint noch nicht allzu lang und wenn Sie in den Sand hineintreten, fühlen sich die unteren Schichten noch kalt an den Füßen an, während sich der obere Teil langsam in der Morgensonne erwärmt. Sie laufen gemütlich mit Ihrem Kokoswasser in der Hand, Sie beobachten das Meer und atmen die frische Meeresluft ein. Die Sonne kitzelt Ihren Nacken und in der Ferne sehen Sie die Felsen, die aus dem Meer herausragen. Neben dem Meeresrauschen hören Sie, wie sich die Fischerboote am Strand leicht auf und ab bewegen und dabei kleine Wellen schlagen. Von Alltagsstress ist nichts zu spüren und Sie fühlen sich leicht und friedlich.

Mit ein wenig Übung können Sie überall – auch an der vollen Supermarktkasse und im Büro – einen Ausflug zu Ihrem imaginären Lieblingsort machen. Durch das Visualisieren helfen Sie der Introspektion dabei, durch vorgestellte Sinneseindrücke in einen anderen (positiven) Emotionszustand zu wechseln – sei es das Meeresrauschen, das Geräusch des Zuges auf dem Weg zu Ihrem „Lieblingsort“ oder ein fiktiver Spaziergang durch den Wald mit Ihrem geliebten Vierbeiner, der Sie aus dem momentanen Stresszustand herausführt.

2. Körpersprache verstehen

Etwa die Hälfte unserer Kommunikation läuft über Körpersprache und ist somit nonverbaler Natur. Dazu zählen neben der Mimik auch die Körperhaltung, der Augenkontakt sowie die Art und Weise, wie wir uns bewegen und gestikulieren – oftmals, ohne dass uns bewusst ist, wie wir auf andere Menschen wirken.

Zur Fähigkeit der sozialen Achtsamkeit gehört es, nicht nur die passenden Worte zu finden, sondern sich sowohl über die eigene Körpersprache als auch über die unserer Mitmenschen, kurz, über alle Aspekte der Kommunikation, bewusst zu werden. Ein guter Weg ist es dabei schon einmal, das soziale Umfeld immer genau zu beobachten. Die nachfolgenden Kategorien orientieren sich an Dr. Paul Ekman, seit 50 Jahren Experte auf dem Gebiet der Körpersprache und Autor des Buches „Science of People“.

Angst, Nervosität	Trockener Mund, schwitzen, zitternde Hände, die Stimme wird höher Augenbrauen zusammen zu einer Linie Oberlider nach oben, Unterlider nach unten gerichtet „Zornesfalte“ zwischen den Augenbrauen
Überraschung	Die Pupillen verkleinern sich, das Weiße im Auge dominiert Mund leicht geöffnet, Kiefermuskeln nicht angespannt Stirnrunzeln Augenbrauen angehoben
Ekel	Sowohl Augenlider als auch Wangen und Unterlippe sind leicht nach oben gezogen „Nase rümpfen“
Wut, Aggression	Die unteren Augenlider sind angespannt Augen aufgerissen/weiter geöffnet als üblich Lippen zusammengepresst, Mundwinkel zeigen nach unten Der Unterkiefer ragt leicht nach vorn
Trauer	Innenseiten beider Augenbrauen zeigen zusammen Zitternde/sich bewegende Unterlippe Kiefermuskulatur angespannt Schlaffe Körperhaltung
Antipathie	Ein Mundwinkel nach oben gezogen „falsches“ Lachen oder Grinsen, ohne dass die Augen „mitlachen“
Akuter Stress	Person berührt (oft unbewusst) Nacken, Kinn, bei Frauen zudem das Schlüsselbein Sich wiederholende Körperbewegungen (mit dem Fuß auf den Boden bzw. mit den Fingerspitzen auf den Tisch tippen usw.)

Interesse	Verschiedene Körperbewegungen in kurzem Zeitraum Tendenziell die Vorderseite des Oberkörpers zum Gegenüber gerichtet Augenkontakt
Defensiv	Arme verschränkt, Beine übereinander geschlagen (vor allem bei Meetings etc.)
Scham	rote Wangen („man errötet") Augenkontakt wird vermieden* Zu-Boden-Schauen
Glück	Offene und entspannte Körperhaltung Lachen, das sich auch im Blick spiegelt Offene Handflächen Entspannter Augenkontakt

* Während es in westlichen Gesellschaften zum guten Ton gehört, während eines Gesprächs Augenkontakt zu halten, so wird dies in vielen fernöstlichen Kulturkreisen als aufdringlich und unangebracht empfunden (mit Ausnahme von engen Vertrauten, Freunden und der Familie).

Des Weiteren gilt, dass auch bei Autismus und ADHS Augenkontakt gemieden wird, was jedoch nicht als Form von Desinteresse oder Scham interpretiert werden sollte.

Übung: Nehmen Sie Ihr Notizbuch und einen Stift zur Hand und machen Sie sich Notizen zu den oben genannten Emotionen. Schreiben Sie dafür sowohl die Definition als auch die Synonyme zu den jeweiligen Gefühlslagen auf.

Beispiel: Glück

Definition: „Ein positives Gefühl, welches in seiner Intensität von Zufriedenheit bis hin zur absoluten Erfüllung reichen kann."

Synonyme: Freude, Befriedigung, Frohsinn, Hochgefühl usw.

Fahren Sie in ähnlicher Weise fort für die weiteren Emotionen:

- Angst
- Wut
- Scham
- Überraschung
- Ekel
- Neugier

3. Richtig kommunizieren

Niemand mag Konflikte, weder zu Hause noch im Freundeskreis oder am Arbeitsplatz. Manchmal lassen sich Probleme, basierend auf unterschiedlichen Ansichten oder Dingen, nicht vermeiden. Im Normalfall werden Unstimmigkeiten angesprochen, häufig beginnen die Probleme jedoch damit, dass Konflikte vermieden oder verschwiegen werden.

Doch wie Sie bereits wissen, verschwinden die Gefühle und Emotionen dadurch nicht, sondern sie manifestieren sich in anderer Weise – in unangenehmem Schweigen oder im Zweifelsfall sogar in Wutausbrüchen und Streitigkeiten, denn ganz gleich, wie sehr versucht wird, die Probleme zu ignorieren, irgendwann holen die Gefühle Sie ein. Man kommt also nicht darum herum, Probleme offen anzusprechen – wer dies „emotional intelligent" anstellt, der kann bedrückende Stille oder laute Konfrontationen vermeiden.

Wie kommunizieren Sie in Gesprächen?

In einem Dialog kann man sich deplatziert oder verstanden fühlen. Je nach Gefühl, welches Sie empfinden, kann das Gespräch qualitativ hochwertig sein, man kann aber auch aneinander vorbeireden. Was macht einen guten Gesprächspartner aus und was nicht? Die Art und Weise, wie Sie kommunizieren, gibt bereits einen Einblick, wie es um Ihren EQ steht. Hören Sie sich gern selbst reden oder vermeiden Sie Gespräche, wo es nur geht? Nachfolgend zehn typische „No-Gos" der Kommunikation **am Beispiel von „Stefan" und „Björn"**. Vermutlich kennen Sie die eine oder andere Situation bereits aus Ihrem Alltag:

Stefan trifft sich mit Björn in einer Bar, die beiden haben sich schon länger nicht gesehen und beide möchten davon berichten, wie es ihnen die letzten Monate ergangen ist. Björn erzählt von seiner Weltreise und über seine neue Arbeit. Wenn Stefan etwas dazu bemerkt, geht Björn nur wenig darauf ein und stellt kaum persönliche Fragen. Während er von seiner Reise nach Thailand berichtet, wirkt Björn unruhig, nickt viel mit dem Kopf, ohne dass Stefan das Gefühl hat, er höre ihm wirklich zu.

Sobald Stefan zum Atemholen pausiert, möchte Björn bereits von seiner sechsmonatigen Reise durch Südostasien berichten. Am Ende des Abends fühlt sich Stefan, als hätte Björn ihn nur eingeladen, um von seinem eigenen Leben zu berichten, ohne wiederum Interesse an Stefan zu zeigen. Er geht etwas verwundert und enttäuscht nach Hause und entschließt sich, Björn kein zweites Mal einzuladen. Björn fand den Abend hingegen gelungen und zu Hause berichtet er seiner Frau, dass Stefan noch ganz der Alte sei und sie sich sicher bald wieder auf ein Bier treffen werden.

Derartige Gespräche sind anstrengend und ähneln mehr einem "Monolog mit Zuhörer" statt einem tatsächlichen Dialog zwischen zwei gleichwertigen Gesprächspartnern. Wer die Aufmerksamkeit ständig auf sich lenkt (vielleicht sogar unbewusst), kaum Fragen stellt (was mangelndes Interesse signalisiert) oder mit Standardfloskeln antwortet, signalisiert damit nicht nur Desinteresse, sondern auch einen Mangel an emotionaler Intelligenz.

Doch statt sich darüber zu ärgern oder gar in „heiße“ Gefühle zu verfallen, können Sie sich als empathische Person etwa fragen, was die unbewussten Motive jenes Verhaltens sind. Jemand, der ständig die Aufmerksamkeit an sich reißt, kompensiert vielleicht eine tiefe innere Unsicherheit oder fühlte sich in der Kindheit ständig ungehört. Sie sollen nicht „Sofa-Psychologe“ spielen und derartiges Verhalten still akzeptieren. Allerdings gilt auch hier: Statt sich aufzuregen (Stress) macht es einen Unterschied, ob Sie jenes Gesprächsverhalten persönlich nehmen und am Ende gar an sich zweifeln oder ob Sie es dabei belassen, mit innerem Verweis auf das, was die Person möglicherweise dazu veranlasst hat, so zu urteilen (gemäß dem Motto „Wer weiß, was bei ihm/ihr zurzeit los ist!“). Am Ende sind es vor allem Sie selbst, der von jenem Perspektivwandel profitiert – indem Sie lernen, negative Impulse, Gedanken und Gefühle aktiv

„abzuschwächen".

Wie steht es um Ihre Dialogfähigkeit? Beobachten Sie beim nächsten Gespräch doch einmal ganz genau, ob Ihr Gegenüber oder Sie selbst einem der folgenden **No-Gos** unterliegen:

- **Der Wettbewerbs-Erzähler**: Ganz gleich, worüber Stefan berichtet, Björn hat noch eine „bessere" Geschichte parat, ist etwa schon auf vier Berge geklettert, statt wie Stefan nur auf einen. Der Wettbewerbs-Erzähler hat für so gut wie jede Geschichte Superlative zur Hand.

- **Sozialer Effekt**: Björns soziales Umfeld hat immer weniger Lust, Dinge zu erzählen, und fühlt sich als gleichwertiger Gesprächspartner nicht ernst genommen. Björn wird zunehmend seltener zu Treffen eingeladen und fragt sich, warum dem so ist.

- **Der ungeduldige Gesprächspartner**: Statt auf Stefans Geschichte einzugehen, "wartet" Björn ungeduldig, bis er mit dem Erzählen „an der Reihe ist". Auf Stefan wirkt dies „gehetzt", er bewegt sich schnell, nickt, ohne das Gefühl zu vermitteln, auch wirklich zuzuhören, und versucht in seinem Eifer, Stefan ins Wort zu fallen. Seine Ungeduld bleibt nicht unbemerkt.

- **Sozialer Effekt**: Stefan hat das Gefühl, als sei Björn nicht an seinem Ausflug in die Berge interessiert – statt aktiv zuzuhören und nachzufragen, wartet er lediglich, bis Stefan mit dem Erzählen „endlich fertig" ist.

- **Der „ Argumentationskämpfer**: Statt Neues zu lernen, das ihm neue Perspektiven eröffnet, möchte Björn die Argumentation „gewinnen" und ignoriert dabei wichtige Argumente vonseiten Stefans, da dieser seinen Standpunkt mit Fakten und guten Argumenten ins Wanken bringen könnte.

- **Sozialer Effekt:** Björn ignoriert den eigenen „confirmation bias" (die Tendenz, sein eigenes Weltbild immer zu bestätigen, statt neue Perspektiven einzubauen, mehr dazu in einem späteren Kapitel) und verbleibt weiter in seinem Weltbild, was man auch als Echo-Chamber-Effekt bezeichnet. Björn lernt also keine neuen Dinge dazu und gibt sich stattdessen lieber mit Personen ab, die seinen Standpunkt teilen, um so „unangenehme Momente" während der Gespräche zu vermeiden.

Der emotional intelligente Gesprächspartner auf der anderen Seite:

- **Ist in der Lage, sich in die andere Person hineinzuversetzen.**

- **Verwendet „Ich-Zuschreibungen“**: Statt des typischen Zuschreibens von Eigenschaften und unliebsamen Verhaltensweisen des Gegenübers (die sich in Form von „Du-Aussagen“ zeigen, Beispiel: *Du kommst immer zu spät, du bist immer so unordentlich, und so weiter),* kommuniziert die emotional intelligente Person in „Ich-Zuschreibungen“. In diesen wird vermieden, das Verhalten des Gegenübers zu bewerten, stattdessen wird das eigene Befinden in den Mittelpunkt gestellt. Konkret setzen sich jene Zuschreibungen aus drei Teilen zusammen: 1. Verhalten, 2. Gefühle und 3. Wirkung. Als Beispiel: „Du hast dich verspätet (1), was mich sehr verärgert hat (2), da ich daraufhin meinen Bus verpasst habe und deshalb zu spät zur Arbeit gekommen bin (3).“

- Der Vorteil jener Kommunikationsart besteht darin, dass Verallgemeinerungen („Du kommst *immer* zu spät!“ und so weiter) und Vorwürfe vermieden werden, welche die betroffene Person in den meisten Fällen nur noch weiter in die Defensive treibt, was zu weiteren Kommunikationsblockaden und Konflikten führt.

- **Hört seinem Gegenüber zu und vermittelt dies auch** – indem er ihn ausreden lässt, aktiv zuhört und nachfragt.

- **Vermittelt Empathie**, indem nach dem Befinden des Gegenübers gefragt wird (und auch tatsächliches Interesse daran besteht).

- **Spricht Probleme offen an, ohne diese in Vorwürfen zu kommunizieren.** Probleme werden grundsätzlich nicht verschwiegen, was weitere Konfliktsituationen nach sich zieht. Dem emotional intelligenten Gesprächspartner ist vielmehr bewusst, dass das Lösen von Problemen, und damit zusammenhängend ein konstruktiver Umgang mit Kritik, sowohl Zusammenarbeit als auch Zusammenleben erleichtert.

- **Sieht jeden Dialog immer auch als Lernprozess statt als Wettbewerb**, bei dem „aus Prinzip“ auf dem eigenen Standpunkt beharrt wird. Die emotional intelligente Person ist auch während Diskussionen kritikfähig, reflektiert die Argumente seines Gegenübers und ist bereit, vom eigenen Standpunkt abzuweichen (und diesen somit auch ständig zu erweitern).

- **Ist in der Lage, sich in die andere Person hineinzuversetzen.** Das bedeutet: Er fragt sich nach den Ursachen und Gründen jener Sichtweise und kann sich vorstellen, warum es zu jenem Standpunkt gekommen ist – und kann dies auch kommunizieren.

- **Vermeidet „Argumente ad hominem".** Das bedeutet, dass bei Diskussionen fachliche Standpunkte oder Unstimmigkeiten nicht mit persönlichen Attacken vermischt werden.

4. Nobody`s perfect! Die eigene cognitive Bias erkennen und überwinden

Emotional intelligente Menschen sind sich dank der Fähigkeit zur Selbstreflexion immer auch der eigenen Schwächen bewusst, statt diese schlicht abzustreiten. Doch auch, wer möglichst unvoreingenommen durchs Leben geht, erliegt regelmäßig den eigenen kognitiven Verzerrungen – ein Phänomen des menschlichen Gehirns, dem auch Experten und Wissenschaftler regelmäßig erliegen.

Mentale Verzerrungen kann man grob als Abweichungen unserer Wahrnehmung von der „ objektiven Realität" bezeichnen. Jeder Mensch lebt einerseits in dieser Realität – wir sehen zum Beispiel, wie ein Mann zu Boden fällt („Fakt"), schaffen uns andererseits aber immer auch die eigene Realität („Er ist bestimmt betrunken!").

Je nach Charakter, Intellekt, EQ sowie den Erfahrungen, die wir im Laufe des Lebens machten und die uns prägten, können mentale Verzerrungen stärker oder schwächer ausfallen. Statt auf den eigentlichen Input zu reagieren (Situationen, die Ihnen im Alltag widerfahren), reagiert vielmehr die kognitive Verzerrung und diese entscheidet darüber, wie wir denken und uns entsprechend verhalten. Sie gibt uns „Sicherheit" in einer Welt voller Chaos, wenn Sie so wollen. Sie beeinflusst damit den Blick auf uns, auf die Welt und natürlich auf unsere Mitmenschen.

Kognitive Verzerrungen können auch als mentale Abkürzungen betrachtet werden: Es ist schier unmöglich, die gesamte Aufmerksamkeit auf alle Dinge des Lebens gleichermaßen zu richten. Mentale Verzerrungen erleichtern daher die tägliche Interaktion zwischen sich selbst und der Umwelt, indem sie die vielen

Eindrücke mental „sortieren". Doch jenes Sortieren sollte in Maßen geschehen, was im Alltag aber meist nicht bedacht wird.

Verdeutlichen lässt sich dies an einem kleinen Beispiel: Stellen Sie sich vor, dass Ihre Wahrnehmung der Weg auf einer Reise ist, auf dem Sie mit dem Auto unterwegs sind. Statt die eigentliche Strecke abzufahren, welche Sie an zahlreichen Landschaften vorbeiführt, entscheiden Sie sich für die Abkürzung, eine kleine Seitenstraße entlang von Mauern, da Sie denken, hier könne nicht viel schiefgehen. Vielleicht kommen Sie schneller an das gewünschte Ziel, Sie können sich aber auch verfahren. Zudem verpassen Sie die schöne Landschaft und erhalten somit einen völlig anderen Eindruck von der Umgebung.

Der erste Schritt, jene „Schwäche unseres Denkens" zu überwinden, ist es, sich darüber bewusst zu werden. In der Sozial- und Verhaltenspsychologie unterscheidet man 10 mentale Verzerrungen, denen alle Menschen mehr oder weniger unterliegen. Sich dieser bewusst zu werden, macht einen gewaltigen Unterschied in der täglichen Auseinandersetzung mit Menschen und Situationen, führt zu einem bewussteren Blick auf die eigene Perspektive und erinnert daran, dass auch die eigenen Überzeugungen fehlerhaft sein können.

1. Confirmation Bias

Hierbei handelt es sich um die Tendenz, eher nach Informationen zu suchen, die den eigenen Standpunkt bzw. das eigene Glaubenssystem aufrechterhalten und somit bestätigend wirken. Dies geschieht oft unbewusst, etwa, indem wir auf sozialen Medien nur Personen folgen, die unser Weltbild teilen, oder wenn wir im Internet auf der Suche nach Informationen sind, die ausschließlich den eigenen Standpunkt bestärken.

2. Dunning-Kruger-Effekt

Ein berühmtes Zitat lautet, dass das Elend der Welt darin zu finden sei, dass die Dummen unter uns voller Selbstbewusstsein stecken, während die schlauen Köpfe in Selbstzweifeln versinken. So in etwa könnte man den Dunning-Kruger-Effekt zusammenfassen (benannt nach den beiden Psychologieprofessoren, die dem Effekt in den 1950ern auf den Grund gehen wollten).

Er besagt, dass Personen, die eher bescheidene Fähigkeiten auf einem Gebiet besitzen, diese tendenziell überschätzen, während Personen, die einen hohen Grad an Wissen besitzen, jenen eher unterschätzen, gemäß der sokratischen Erkenntnis „Ich weiß, dass ich nichts weiß". Als Beispiel können hier die zahlreichen „Expertenmeinungen" fachfremder User zu den verschiedenen Themen auf sozialen Medien dienen.

3. Gruppen-Verzerrung

Dies ist die Tendenz, die eigene Peer-Group – in der Regel sind das die Familie, Vereine oder der Freundeskreis – über andere Personen (-Gruppen) zu stellen und dabei gleichzeitig auch deren Ansichten und Meinungen höher zu werten als die von „Außenstehenden". Gruppen-Verzerrungen können auch im Massenphänomen auftreten und dabei extreme Formen annehmen, darunter Sekten, ethnisch-rassische oder nationalistische „Gruppen-Verzerrungen", die alles Fremdartige ablehnen.

4. Der Rückschaufehler

Dieser meint die Tendenz, die eigenen Einschätzungen bestimmter (auch spontaner) Ereignisse rückwirkend zu überschätzen („Ich habe es die ganze Zeit gewusst!").

5. Ankereffekt

Der Ankereffekt bezeichnet die Tendenz, bei Entscheidungen unbewusst von der Umgebung beeinflusst zu werden, man diese also als Orientierung („Anker") für die eigenen Entscheidungen heranzieht.

Beispiel: Ihr erster Eindruck des neuen Kollegen war negativ, daher entscheiden Sie spontan, ihm eine bestimmte Aufgabe nicht zuzuteilen, obwohl er viel Erfahrung auf dem Gebiet vorweisen kann (Sie vertrauen hierbei auf Ihren ersten Eindruck, wobei Sie die bisher vorhandenen Informationen verallgemeinern).

6. Fehlinformationseffekt

Die eigene Erinnerung an bestimmte Situationen und Ereignisse kann nach Geschehen stark von anderen Situationen beeinflusst werden, auch wenn

diese erst nach dem eigentlichen Ereignis stattfanden.

7. Akteur-Beobachter-Bias

Dabei geht es um die Tendenz, bei sich selbst (vor allem negatives) Verhalten mit Verweis auf externe Umstände und Faktoren zu erklären, während man dazu neigt, das Verhalten der Mitmenschen mit internen Faktoren zu erklären (Charakter, Einstellung, „selbst schuld!").

Beispiel: „Ich habe die Prüfung nicht bestanden, da der Prüfer zu schwere Fragen gestellt hat" versus „Stefan hat die Prüfung nicht bestanden, er hätte sich besser vorbereiten sollen". Mit anderen Worten: Was uns selbst negativ zustößt, ist außerhalb unseres Einflusses, was andere betrifft, lässt sich mit deren Verhalten erklären.

8. Eigen-Bias

Dieser entspricht dem Akteur-Beobachter-Bias, allerdings rein auf die eigene Person bezogen. Beispiel: „Ich habe gute Noten, weil ich schlau bin und viel lerne" (somit müssen Personen mit schlechten Noten dumm und faul sein).

9. Der Haloeffekt

Der Haloeffekt beschreibt die Tendenz, den ersten Eindruck einer Sache oder Person auch auf weitere Aspekte der Sache/Person zu projizieren (ein Licht also, das alle Nuancen ausblendet). Ihr erster Eindruck des neuen Kollegen war positiv, daher entscheiden Sie spontan, ihm eine bestimmte Aufgabe zuzuteilen, obwohl er keine Erfahrung auf diesem Gebiet vorweisen kann (der erste Eindruck „überstrahlt" den weiteren Verlauf der Situation).

Ein anderes häufiges **Beispiel**: Sie schließen von der äußeren Attraktivität einer Person auf weitere positive Attribute (Persönlichkeit, Intelligenz und so weiter; „Er ist ein berühmter Schauspieler und sehr attraktiv, folglich muss er sich auch gut in anderen Bereichen auskennen!").

10. Verfügungs-Regel

Eine weitere Abkürzung für unser Bewusstsein, wenn es darum geht, Risiken abzuwägen. **Sie beschreibt die Tendenz, Situationen danach einzuschätzen,**

wie viele Beispiele man „zur Hand hat".

Beispiel: „Ich sehe jeden Tag Nachrichten von Überfällen und Mord. Die Welt muss voller schlechter Menschen sein" (und nicht etwa, da Sie auf den sozialen Medien die entsprechenden Kanäle abonniert haben, die Ihnen täglich die Befürchtungen bestätigen, Sie aber keine Kanäle besuchen, auf denen positive Mitteilungen gemacht werden).

Kleine EQ-Übung: Sicherlich kennen Sie zahlreiche Beispiele mentaler Verzerrungen aus Ihrem eigenen Umfeld und – wenn Sie ehrlich sind – von sich selbst. Notieren Sie sich zu jeder der oben genannten mentalen Verzerrungen eine Ihnen bekannte Situation als Beispiel. Finden Sie eine mögliche alternative Erklärung und Mutmaßung für das Verhalten Ihrer Mitmenschen oder für die Situation im Allgemeinen, wenn Sie zurückblicken? Stellen Sie Überlegungen auf und machen Sie dazu kurze Notizen.

MOTIVATION IST NICHT GLEICH MOTIVATION

Laut Oxford Dictionary handelt es sich bei der Motivation um die „Gesamtheit der Beweggründe und Einflüsse, die eine Entscheidung, Handlung oder ähnliche Dinge beeinflussen und zu einer Handlungsweise anregen". Man unterscheidet dabei zwei Formen von Motivation, die Sie selbst nur allzu gut aus dem Alltag kennen müssten:

1. Die Motivation, etwas tun zu müssen, etwa Hausaufgaben oder Arbeit, auch in der Hoffnung auf eine „äußere" Belohnung (etwa Ansehen, Erfolg, Geld und so weiter) bezeichnet man als **externe Motivation**: Das Gefühl, bestimmte Dinge tun zu müssen, die zum erhofften Erfolg führen, sind hier also die motivierenden Kräfte. Diese Form der Motivation ist auch als „extrinsische" Motivation bekannt und ist oft nur kurzfristig zielführend, da durch diese die andere Form der Motivation verblassen kann.

2. Die Motivation, die Sie empfinden, wenn Sie Ihr Lieblingsinstrument spielen oder eine neue Sprache lernen wollen, bezeichnet man als Selbstmotivation, auch unter dem Begriff **„intrinsische" Motivation** bekannt und ein weiterer wichtiger Aspekt der emotionalen Intelligenz. Diese Form der Motivation verblasst, wenn die extrinsische Motivation überhandnimmt, etwa, wenn Sie Ihr Lieblingsinstrument nun beruflich spielen und Ihr Lebensunterhalt davon abhängt. Auf diese Weise werden Sie zwar auch finanziell für das Spielen belohnt, allerdings vergeht Ihnen möglicherweise die Freude daran.

Es fällt nicht schwer, zu raten, welche der beiden Varianten leichter fällt – natürlich diejenige, für die man ein tiefes Interesse empfindet – und der somit bereits ein Selbstzweck innewohnt. Studien konnten nachweisen, dass das Lernen aus „eigenem Antrieb" heraus, also dem Wunsch, eine Sache zu lernen, deutlich bessere Langzeiterfolge erzielen konnte als das Lernen, wenn es als „Leistung" wahrgenommen wird und somit in den Zusammenhang mit einer externen Sache (Noten, Prestige, Erfolg usw.) gestellt wird.

In einer Studie zum Thema Selbstmotivation und Lernerfolg wurden insgesamt 3000 Schulkinder der 7. Klasse in zwei Gruppen aufgeteilt. Das Ziel der ersten Testgruppe lautete „Mathematik lernen, um sie besser zu verstehen" (intrinsische Motivation) und das Ziel der zweiten Testgruppe lautete „Mathematik lernen, um bessere Noten zu schreiben" (externe Motivation). Das Resultat: Gruppe 1 erzielte deutlich bessere Ergebnisse in Bezug auf Lernerfolg und Langzeiterinnerung, verglichen mit der Gruppe an Schülern, die ihren Fokus auf die „externe Belohnung" – die guten Noten – legten. Verhaltensforscher führen das auf den inneren Antrieb zurück, während die externe Motivation lediglich dem Kurzzeitgedächtnis dienlich sei. Man lernt also intensiv, das Wissen hat jedoch keinen langfristigen Effekt – und kann somit auch nicht für die Zukunft von Nutzen sein.

Der Psychologe und Universitätsprofessor Scott Geller, Pionier zum Thema „Selbstmotivation", hat dazu einen kleinen **Trick, mit dem Sie überprüfen können, ob es sich um Selbstmotivation oder „Fremdmotivation" handelt.**

1. Können Sie die Aufgabe bewältigen? (Eine Frage, die genaue Selbsteinschätzung benötigt.)

2. Wird es funktionieren? (Sie können einschätzen, dass die Handlung auch tatsächlich zum gewünschten Erfolg führt.)

3. Ist es die Mühe wert? (Sind Sie in der Lage, den Kosten-Nutzen-Faktor der jeweiligen Situation einzuschätzen?)

Wenn Sie die Antwort „ja" bei der dritten Frage fühlen können, so handelt es sich um eine Aufgabe, in der Sie die nötige Selbstmotivation aufbringen. Hier sind alle Ampeln auf „grün" und Sie fühlen sich herausgefordert, die jeweilige Sache mithilfe der eigenen Fähigkeiten zu schaffen.

Für Geller spielt das Abwägen der Konsequenzen eine wichtige Rolle bei der Frage nach mehr **Selbstmotivation**, die so einen **Hauptaspekt** in seiner Theorie darstellt:

1. **Konsequenzen/Folgen abwägen**: Wer sich selbst motiviert, muss auch wirklich von den Konsequenzen seiner Handlung überzeugt sein, statt sie nur auszuführen, um negative Konsequenzen zu vermeiden. Sehen Sie die Aufgabe als Herausforderung oder notwendige Pflicht?

2. **Kompetenz/Fähigkeit**: Wer Selbstmotivation aufbringt, fühlt sich der Aufgabe gewachsen und schätzt die eigenen Fähigkeiten positiv ein. In der Organisationspsychologie spielt es für den Erfolg eine entscheidende Rolle, mit welcher inneren Einstellung man sich an eine Aufgabe wagt. Wer bereits mit Pessimismus und Selbstzweifeln an eine Sache herangeht, der beeinflusst dadurch, bewusst oder unbewusst, das Ergebnis – was auch in zahlreichen Studien nachgewiesen wurde.

3. **Autonomie**: Machen Sie sich bewusst, dass Sie es sind, der sich für die einzelnen Schritte entscheidet – jenes Gefühl von Autonomie verstärkt den Antrieb zur intrinsischen Motivation und macht uns den Einfluss, den wir durch bestimmte Handlungen immer auch auf unsere Umwelt ausüben, bewusster.

4. **Sozialer Support**: Nur, wer in einem gesunden sozialen Umfeld lebt und zwischenmenschliche Beziehungen eingeht, kann sich auch wirklich selbst motivieren. Warum? Ganz gleich, wie lange Sie sich als „Alleinkämpfer" definiert haben, Sie sind und bleiben ein soziales Wesen – wie Sie erfahren haben, ist dies in Ihre DNA eingraviert und spielt daher auch hier eine wichtige Rolle.

Weiteres EQ-Training für zu Hause

Reframing the mind: Der Wochenguide für mehr Achtsamkeit und Selbstkontrolle

Mina ist Ende 30 und stammt aus einer Kultur, in der Familie und Ehe noch einen hohen Wert haben. Doch trotz des tiefen Wunsches nach einem Partner und zwei Kindern ist sie immer noch Single und beginnt mehr und mehr, an sich zu zweifeln. „Ich beginne, zu glauben, dass das Universum nicht möchte, dass jemand wie ich Kinder in die Welt setzt und möglicherweise meine Defizite an sie weitergebe und sie somit ebenfalls zu unglücklichen Menschen mache! Vielleicht bin ich zu unvollkommen für die wahre Liebe und eine eigene Familie!"

Da es sich hier um eine andere Person handelt (und somit nicht um die eigenen irrationalen Ängste und Selbstzweifel), fällt Ihnen bestimmt das eine oder andere Gegenargument zu Minas Vermutungen ein. Was ist etwa mit den vielen Menschen, die trotz ihrer Defizite Familien haben oder im schlimmsten Fall gar keine besonders netten Menschen sind? Was, wenn Mina sich bei Treffen mit potenziellen Partnern derart verspannt und verschließt, dass diese denken, sie hätte gar kein Interesse an ihnen? Vielleicht geht sie auch viel zu selten aus dem Haus – und wie soll man so einen netten Mann kennenlernen? Viele Möglichkeiten tun sich hier auf, die deutlich mehr „Sinn" ergeben als ein möglicher Groll des Universums gegen Mina, finden Sie nicht auch? Doch warum scheinen diese für sie weniger plausibel als Erklärungen wie Schuld, Pech oder die eigene Minderwertigkeit?

Bei jedem Blick in die Welt stellt das Bewusstsein Zusammenhänge zwischen Vorkommnissen her. Situationen, ob direkt betroffen oder als Beobachter, werden interpretiert, was zu Schlussfolgerungen führt, die dazu dienen, die Vielzahl an Input strukturieren und „irgendwie verstehen" zu können. Dabei handelt es sich keinesfalls um ein Abbild der Realität, jener Blick wird vielmehr von der individuellen Perspektive des Rezipienten beeinflusst. Mit anderen Worten: So, wie wir in die Welt schauen, so denken und fühlen und handeln wir. In neuen Situationen oder Momenten, die uns mental besonders stark fordern, wissen wir häufig nicht, was auf uns zukommt. Und genau hier liegt das Problem, denn

Zusammenhänge und Schlussfolgerungen werden vom Bewusstsein *immer* gezogen – ob wir wollen oder nicht, bewusst als auch unbewusst.

Vieles wird dabei lediglich „vermutet" und gleichzeitig als „die Wahrheit" empfunden. Wiederholen sich bestimmte Interpretationen im Unterbewusstsein, so wird daraus eine Art „individuelle Realität". Und diese kann sich positiv, aber auch negativ auf unser alltägliches Leben auswirken – je nachdem, von welchem Standpunkt aus wir in die Welt blicken. Jene „Einbahnstraßen des Denkens und Fühlens" zu überwinden, sollte beim Projekt EQ ganz oben stehen. Die gute Nachricht lautet, dass sich dies in der Tat trainieren lässt, allerdings Zeit und Konsequenz bedarf und sich Erfolge nicht von heute auf morgen zeigen. In der Psychologie wird dies auch als *Reframing* bezeichnet – das bewusste Umformulieren von negativen Gedankenmustern in positive Alternativen.

Nachfolgend finden Sie sieben Übungen, die Ihnen bei jenem Vorhaben helfen sollen. Alles, was Sie dazu benötigen, ist etwas Zeit, ein Notizbuch und einen unvoreingenommenen Blick auf sich selbst und die Welt um Sie herum!

1. Montag: Hand aufs Herz – die eigenen Stärken und Schwächen beurteilen

Da Selbstreflexion und Achtsamkeit eine wichtige Rolle beim Ausbilden der emotionalen Intelligenz spielen, sollten Sie sich zunächst ein wenig Zeit nehmen für eine kleine „Selbstbefragung". Seien Sie dabei so ehrlich wie möglich und denken Sie daran, dass Ihnen keiner „über die Schulter schaut". Es geht also nicht darum, besonders gut abzuschneiden, sondern so genau wie möglich anzugeben, wo Sie Ihre eigenen Fähigkeiten und Schwächen sehen. Beantworten Sie dazu folgende Fragen darüber, ob sie „stark zutreffen", „gelegentlich zutreffen" oder „nicht zutreffen" und machen Sie sich die entsprechenden Stichpunkte in Ihr Tagebuch.

Aussagen:

1. *Ich verliere schnell die Geduld.*

2. *Die Leute sagen, dass ich nicht gut zuhören kann.*

3. *Ich kann meine Gefühle schlecht identifizieren, während ich sie empfinde.*

4. *In stressigen Situationen weiß ich oft nicht, wie ich mich selbst beruhigen kann.*

5. *Ich vermeide Konflikte und Konfrontationen.*

6. Es fällt mir schwer, mich über einen längeren Zeitraum zu konzentrieren.

7. Kritik nehme ich schnell persönlich.

8. Organisation überfordert mich schnell und ich habe Probleme, eine Sache „durchzuziehen"/einen Plan umzusetzen.

9. Ich fühle mich in meinem Job unzufrieden.

10. Bei Aufgaben im Beruf vermeide ich es, nach Feedback zu fragen.

11. Ich setze mir langfristige Ziele, die ich regelmäßig überprüfe.

12. Die Gefühle meiner Mitmenschen erkenne und interpretiere ich schnell.

13. Ich höre aktiv zu, wenn Personen mit mir sprechen.

14. Es fällt mir schwer, Beziehungen mit Menschen einzugehen.

15. Ich verliere mich in Beziehungen schnell selbst, da ich Angst davor habe, die Person ansonsten zu verlieren.

16. Wenn es mir schlecht geht, habe ich Probleme damit, loszulassen und mich auf andere Dinge zu konzentrieren.

17. Ich werde bei Konflikten schnell laut.

Wenn Sie möchten, können Sie nun eine vertraute Person aus dem Familien- oder Freundeskreis bitten, ebenfalls die oben genannten Fragen über Sie als „außenstehende Person" zu beantworten. Vergleichen Sie die Ergebnisse und diskutieren Sie über mögliche Abweichungen.

Nehmen Sie sich anschließend etwa eine halbe Stunde Zeit und fragen Sie sich Folgendes zu Ihren *Stärken*:

- **Wo sehen Sie Ihre fünf größten Stärken?** Diese können sowohl im Privat- als auch im Berufsleben liegen, konzentrieren Sie sich jedoch auf Ihre charakterlichen Stärken (auch wenn Sie sicher ein guter Hobbygärtner sind).

- **Überlegen Sie, wo Sie Ihre ausgeprägteste Stärke sehen.** Denken Sie dabei auch an das Feedback von Freunden, Familie oder Kollegen, sollte Ihnen die Antwort schwerfallen. Was sagen diese über Sie und erkennen Sie möglicherweise Übereinstimmungen zwischen Selbst- und Fremdauskunft oder weichen beide stark voneinander ab?

• **Überlegen Sie, wann Sie sich dank Ihrer Stärken aus einer besonders schwierigen Situation herausmanövrieren konnten.** Erinnern Sie sich noch an die Gedanken und Gefühle, die Sie in jenem Moment/in jener Situation hatten? Und wie haben diese den positiven Ausgang der Situation beeinflusst? Wie haben Sie sich anschließend gefühlt? Haben Sie damals aktiv darüber reflektiert, wie es zu jenem positiven Ausgang kam?

• **Wo sehen Sie Ihre Schwächen und was würden Sie als Ihre „Hauptschwäche" bezeichnen?**

• **Überlegen Sie, wie diese Sie in eine ungünstige Situation brachte.** Welche Gefühle löste dies in Ihnen aus? Was waren die persönlichen Konsequenzen, sofern Sie diese gezogen haben?

• **Wo sehen Ihre Liebsten Ihre größte Schwäche?**

• **Gibt es etwas, das Sie an sich ändern wollen**? Wenn ja, warum? Und welche Aspekte hindern Sie daran, jenen Plan umzusetzen?

• **Wenn Sie heute damit beginnen können, etwas an Ihrem Leben zu ändern, was wäre es?** Und wie würden Sie das am besten angehen wollen?

Ihre Stärken und Schwächen zu verbalisieren, ist nicht immer einfach, stellt aber einen wichtigen Schritt dabei dar, die Selbstreflexion zu verbessern und zu schärfen. Dinge werden nicht nur klarer, durch das Verbalisieren erhalten Sie außerdem den nötigen Abstand zu sich selbst, einen „neutraleren" Blick auf die eigene Person, wenn Sie so wollen. Sie können somit also mithilfe des Intellekts auf die Emotionen und Gefühle blicken. Haben Sie daher keine Angst, sich selbst zum „Anschauungsobjekt" zu machen! Durch den nötigen Abstand können völlig neue Selbsterkenntnisse gezogen werden, von denen Sie im Alltag zukünftig profitieren werden.

Übung: Nehmen Sie sich ein paar Minuten Zeit und notieren Sie drei Dinge, die heute oder an einem anderen Tag gut für Sie liefen und warum diese als gut empfunden wurden. Welche Rolle spielte Ihr Verhalten dabei, sofern Sie direkt betroffen waren? Wenn Sie wollen, können Sie nun ein weiteres Mal die vertraute Person Ihrer Wahl bitten, die oben genannten Fragen über Sie zu beantworten.

Vergleichen Sie anschließend die Ergebnisse und diskutieren Sie über mögliche Abweichungen.

** Bitte beachten Sie, dass jene Aussagen nicht für Personen gelten, die unter Aufmerksamkeitsstörungen oder bestimmten psychischen Einschränkungen u. Ä. leiden. Diese erschweren oftmals auch bei zwischenmenschlichen Interaktionen, den Fokus zu halten, was allerdings nichts mit dem Charakter der betroffenen Person oder einem „niedrigen EQ" zu tun hat!*

2. Dienstag: Ängsten den Kampf ansagen!

Das heutige Ziel ist es, einen aktiven Einfluss auf körperliche Vorgänge nehmen zu können, konkret: das Zentralnervensystem zu beruhigen. Damit erzeugen Sie eine positive körperliche Reaktion, die in stressigen Momenten Sicherheit und Ruhe vermittelt („den körpereigenen Angst-Rettungsgleitschirm aktivieren"). Wer seinen Körper entspannt, der entspannt auch den Geist – was banal klingt, wurde jahrhundertelang anekdotisch durch Yoga, Meditation & Co. bestätigt. In den letzten Jahren häufen sich außerdem wissenschaftliche Studien, die den menschlichen Körper im Zusammenhang mit jenen Methoden genau „unter die Lupe nehmen" und jene anekdotischen Beweise bestätigen konnten. Sie wissen bereits, dass sich Stress und Nervosität physisch durch eine ständige Alarmbereitschaft des Körpers ausdrücken, was unser Denken und Handeln entsprechend beeinflusst. Daraus folgt jedoch auch, dass sich Ängste durch körperliche Übungen abbauen lassen. Wem die eigenen Probleme und Sorgen (und damit zusammenhängend das Verhalten) zu undurchsichtig und komplex erscheinen, beginnt am besten mit „der Basis" – dem Körper. Das nachfolgende kleine „Selbstexperiment" soll Ihnen nicht nur dabei helfen, bestimmte Emotionen zu erkennen und zu benennen, sondern auch, die entsprechenden körperlichen Reaktionen erst zu erkennen und anschließend bewusst abzuschwächen, um somit wieder mehr Platz für den rationalen Anteil Ihrer Wahrnehmung zu machen:

Legen Sie sich flach auf den Boden (oder ins Bett) und denken Sie an eine unangenehme Sache, zum Beispiel an die unbezahlten Rechnungen, die sich auf dem Schreibtisch ansammeln. Beobachten Sie genau, welche körperliche Reaktionen dies in Ihnen auslöst: Erhöht sich die Herzfrequenz? Verspannt sich der Nacken? Und so weiter. Versuchen Sie, jene Reaktionen *bewusst* wahrzunehmen sowie auf die entsprechenden Gedankengänge zurückzuführen, und kämpfen Sie nicht gegen jene Befindlichkeiten an. Benennen Sie anschließend (laut), welche Emotion Sie explizit empfinden. Sollte es Angst sein, sagen Sie „Ich empfinde Angst" und so weiter. Was empfinden Sie außerdem im Zusammenhang mit jener

Feststellung? Löst diese etwa Widerwillen in Ihnen aus? Jene zusätzlichen Gefühle sollten Sie ebenfalls erkennen und benennen. Vergessen Sie dabei nicht, auch die negativen Emotionen und Gefühle *zunächst* anzunehmen, statt sie innerlich zu bekämpfen oder unterdrücken zu wollen. Sagen Sie sich, dass es in Ordnung ist, Angst zu empfinden, und begründen Sie diese mit den entsprechenden Vorkommnissen („Es ist in Ordnung, dass ich Angst empfinde, denn ich fühle mich von den vielen Rechnungen überfordert").

Legen Sie anschließend den rechten Arm auf den Bauch und atmen Sie tief in den Bauch, sodass sich das Zwerchfell nach außen wölbt. Füllen Sie anschließend die Lungen mit Luft und verbleiben Sie so für acht bis neun Sekunden. Atmen Sie anschließend langsam aus und wiederholen Sie jenen Atemzyklus insgesamt fünfmal. Nun sind Sie bereit für die eigentliche Aufgabe, das sogenannte *Valsalva-Manöver:*

Gehen Sie dazu in die Hocke oder setzen Sie sich alternativ auf einen Stuhl. Atmen Sie tief ein und drücken Sie mit Zeigefinger und Daumen beide Nasenlöcher zu. „Atmen" Sie anschließend aus, ohne dass die Luft entweichen kann. Dies erzeugt einen Druck in der Bauchgegend und aktiviert dadurch den Vagusnerv, der einen starken Einfluss auf die Regulation von Emotionen ausübt. Daneben sendet er Signale zum sogenannten atrioventrikulären Knoten, einer Ansammlung von Zellen, die sich an der oberen rechten Herzkammer befindet und dort für die Regulation der Herzschlagrate sorgt, die sich durch jene Übung und als Reaktion auf den Druck verlangsamt.

Tipp: Wer das Valsalva-Manöver als unangenehm empfindet, kann alternativ auch im Liegen die Knie zur Brust ziehen, da hier ebenfalls ein Druck auf die besagte Körperregion ausgeübt wird und sich somit ebenfalls die Herzrate verlangsamt!

Zur eigentlichen Dienstagsaufgabe des *Valsalva-Manövers* sollten Sie Ihre Pulsrate sowohl vor als auch nach der Übung messen. Machen Sie sich ferner Notizen über die Gedanken und Gefühle, welche Ihnen in den Sinn kamen, als Sie an jene unangenehme Sache gedacht haben. Machen Sie sich nach Ende des *Valsava-Manövers* erneut Notizen über die eigene Befindlichkeit, betrachten Sie den Sachverhalt also ein weiteres Mal. Wie sieht es nun aus, nachdem die körperliche Reaktion „abgebremst" wurde und die Herzfrequenz niedriger ist? Skizzieren Sie mögliche Unterschiede zu vorher und nachher.

Wichtiger Hinweis: Da die Übung einen temporären Anstieg des Blutdrucks auslöst, sollte sie nicht von Personen mit bestehenden Krankheiten des Herz-Kreislauftraktes ausgeführt werden, ohne dass dies zuvor mit dem Arzt abgesprochen wurde!

3. Mittwoch: Dopamin im Gehirn aktivieren für mehr Selbstmotivation!

Wenn eine größere Aufgabe ansteht, gilt es zunächst, „irgendwie den Einstieg zu finden". Der größte und gleichzeitig häufigste Fehler, dem die meisten von uns dabei unterliegen, ist die Vorstellung, dass sich durch Abwarten irgendwie und wie von Zauberhand „Motivation bemerkbar macht". Der Glaube, dass der richtige Moment noch aussteht, führt allerdings nur selten zu dem gewünschten Erfolg. Und auch dies hat, wie so oft, biologische Gründe – die sich somit auch gekonnt überwinden lassen. Antriebslosigkeit lässt sich durch die Stimulation des körpereigenen Hormons Dopamin austricksen. Dieses sorgt unter anderem auch für die Gefühle Motivation und Antrieb, das Setzen von Zielen sowie das angenehme Gefühl des Erfolges, wenn diese erreicht wurden. Merken Sie sich dazu einen besonders wichtigen Fakt und erinnern Sie sich in besonders antriebslosen Momenten daran: *Dopamin (und somit das Gefühl der Motivation) wird immer erst nach dem Handeln ausgeschüttet, niemals vor einer Handlung!*

Es ist folglich nicht möglich, „beim Nichtstun" einen Anflug von Motivation zu erhalten. Kurz: Je weniger Sie tun, desto weniger motiviert fühlen Sie sich. Sie sollten daher nicht warten, sondern aktiv werden und handeln, wobei sich die Motivation (in Form von Dopamin) „ganz automatisch" bemerkbar macht. *

** Bitte beachten Sie auch hier, dass von psychisch gesunden Personen ausgegangen wird. Menschen, die unter Depressionen leiden – bei denen fehlende Motivation eine häufige Begleiterscheinung ist –, sollen daher nicht denken, der Autor rät hier, „einfach tätig zu werden", um psychische Krankheiten samt den alltäglichen Kämpfen so zu überwinden.*

1. Zunächst sollten Sie ergründen, ob Sie primär *externe* oder *interne* Ziele verfolgen. Machen Sie sich dazu Notizen in Ihrem Tagebuch – benennen Sie die drei Hauptfaktoren, die Sie täglich zum Aufstehen motivieren. Vergleichen Sie diese anschließend mit Ihrem Spickzettel. Handelt es sich um externe oder intrinsische Faktoren?

2. Durchbrechen Sie bewusst eine routinierte Aufgabe oder Gewohnheit. Dadurch wird Dopamin ausgeschüttet und außerdem das Selbstbewusstsein gestärkt. Beobachten Sie genau, wie sich jener „Ausbruch aus der gewohnten Routine" angefühlt hat und ob sich dadurch spontan neue Möglichkeiten erschließen lassen. Fühlen Sie sich zu weiteren Taten motiviert? Diese müssen keine weltbewegenden Dinge sein. Auch in kleinen Alltagssituationen können sich hier interessante Erkenntnisse auftun, die wiederum zu weiterem Handeln motivieren. Denken Sie

immer daran, dass auch Motivation von biologischen Faktoren abhängt und Sie somit gezielt Einfluss nehmen können!

4. Donnerstag: *„Den Teufelskreis aus negativen Gedanken durchbrechen!“*

Beginnen Sie das *Reframing* mit einem einfachen und vergleichsweise banalen fiktiven Alltagsbeispiel: Sie kommen nach Hause und finden das schmutzige Geschirr des Partners (alternativ: Familienmitgliedes, Mitbewohners und so weiter) im Waschbecken. Dies ist bereits häufiger vorgekommen, obwohl die Absprache lautete, dass jene andere Person sich darum kümmert, dass das Geschirr sauber und weggeräumt ist, wenn Sie nach der Arbeit nach Hause kommen.

Richten Sie die Aufmerksamkeit zunächst auf Ihre Reaktion, also auf die Interpretation jener „unerfreulichen Entdeckung“. In der Regel beginnt diese mit einer negativen Zuschreibung („Das ist total ignorant und egoistisch von ihm/ihr!“, „Immer muss ich alles aufräumen“, „Er/sie macht das mit Absicht, meine Gefühle sind ihm/ihr egal“, und so weiter).

Interpretation	Das Gefühl, welches dadurch in Ihnen ausgelöst wird
„Sie/er ist immer so egoistisch!“	
„Ich verdiene wohl nichts Besseres!“	
„Sie/er ist völlig überfordert.“	
„Ihr/ihm ist nicht bewusst, dass mich dies stört.“	
„Er/sie nimmt meine Wünsche/Bedürfnisse/Regeln überhaupt nicht ernst.“	

Aufgabe: Notieren Sie die Gefühle in der Tabelle, die jene Aussagen in Ihnen auslösen. Machen Sie sich anschließend Notizen für fünf mögliche Alternativerklärungen, die Ihnen für die Situation einfallen (Beispiel: „Die Person steht im Moment unter starkem Druck“). Achten Sie darauf, dass bei den

„Alternativerklärungen" nicht Sie es sind, der im Zentrum steht. Wählen Sie Erklärungen, die nicht direkt mit Ihnen zu tun haben und die das o. g. Verhalten der Person erklären könnten. Nachdem Sie die verschiedenen Möglichkeiten durchgegangen sind, wenden Sie das Beispiel „Dreckiges Geschirr" auf eine Situation aus Ihrem Alltag an, über die Sie sich zuletzt geärgert haben. Die Beispiele hierfür sind bekanntlich unendlich. Statt negativer Gefühle verwenden Sie dafür Gefühlsalternativen wie „Verständnis", „Kommunikation", „Zuversicht", „Herausforderung", „Missverständnis", „Kommunikationsproblem", „Bedürfnisse", „Lernprozess" und so weiter. Welches „produktive" Fazit könnte hier geschlossen und die Situation dadurch konstruktiv „reframed" werden?

Freitag: Über den eigenen Tellerrand blicken mit der ABC-Methode von Albert Ellis

Das nachfolgende „Verhaltensmodell" stammt vom US-amerikanischen Psychologen Albert Ellis und wurde in den 1950er-Jahren als Teil der sogenannten *Rational-Emotive Behavioral Theory* entwickelt. Ellis baut diese auf einer der Grundthesen der emotionalen Intelligenz auf: dass sich Emotionen für jede Situation anpassen und verändern lassen. Die Theorie orientiert sich zudem am Ansatz der Mnemonik, die sich an bestimmten Schemen und Systemen orientiert. Diese sollen es ermöglichen, auch in emotionalen Situationen den Intellekt heranziehen zu können – quasi ein automatisierter Reflexionsprozess über die eigenen Gefühle, Emotionen und Gedanken, und dies inklusive der Fähigkeit, sie im Zweifelsfall anzupassen und verändern zu können.

ABC-Modell steht für:

A = **Activating** Event ("Triggersituation")

B = **Belief** System („das Ihnen zugrunde liegende Weltbild" – sind Sie eher optimistisch veranlagt oder Fatalist?)

C = Emotional c**onsequences**, die emotionalen Konsequenzen: Wozu führen Handlung A und Handlung B – wie fühlen Sie sich anschließend und was folgt daraus für Ihr soziales Umfeld?

D = D**isputation,** das (innere) Diskutieren über die möglichen irrationalen Gedanken und Gefühle: Wägen Sie ab und nehmen Sie zu Ihrem Standpunkt eine

Art „Gegenposition“ ein. Führen Sie einen inneren Dialog mit sich selbst.

E = The effect, ein rationales „Update“ der Punkte A, B und C. Statt negativer Wertung geben Sie den Ereignissen eine positive *Outcome* (die einen Gedanken, ein Verhalten oder eine Emotion darstellen kann, Stichwort „Lernprozess für die Zukunft“).

Das ABC-Modell soll an einem **konkreten Beispiel** verdeutlicht werden. Dafür soll ein unangenehmes Gefühl dienen, welches vermutlich jeder schon einmal erlebt hat – Eifersucht.

Jana ist frisch verliebt und seit Kurzem in einer festen Beziehung mit Stefan. Von einem Freund erfährt sie, dass Stefan am Wochenende zusammen mit einer attraktiven Frau in der Bar gesichtet wurde.

A („Triggersituation“)	**Wie eine emotional intelligente Jana reagiert**	**Wie Jana mit niedrigerem EQ reagiert**
B („Belief System“)	„Kommunikation löst die meisten Probleme und Missverständnisse.“	„Was schiefgehen kann, geht auch meist schief – ich wusste es.“
C („emotionale Konsequenzen“)	„ein kurzer Tritt in den Bauch“, Verwunderung, Unsicherheit	Verletzung, Selbstzweifel, Wut, Nervosität, Eifersucht
D (der „innere Konflikt“)	„Ich fühle mich unsicher, da ich ihn sehr mag, was mich verletzlich macht, und ich nicht weiß, wer die besagte Person ist.“	„Ich fühle mich hintergangen und verletzt. Vermutlich bin ich nicht gut genug für ihn, eine andere Erklärung kann es nicht geben.“
E („Effekt“/ „Reaktion“)	„Ich werde ihn bei unserem nächsten Treffen darauf ansprechen.“	Warum macht er so etwas? Ich werde ihn gleich anrufen und ihm die Meinung sagen!“

Falls Sie an dem Ausgang des mysteriösen Treffens interessiert sein sollten: Janas ebenfalls schwer verliebter Partner Stefan hatte sich nach längerer Abwesenheit mit seiner Cousine Laura getroffen. Beide planen ein gemeinsames Treffen, damit Jana Laura und deren Mann Markus kennenlernen kann. Die Befürchtung Janas, Stefan könnte eine andere potenzielle Partnerin – Janas Konkurrentin – treffen, ist also ein Hirngespinst.

Wie Sie sehen, empfindet auch die emotional intelligente Jana „negative" Gefühle – im oben genannten Beispiel in Form von Unsicherheit sowie einem kurzen Tritt in die Bauchgegend, den sie verspürt, nachdem sie von dem gemeinsamen Treffen erfährt (physische Reaktion). Allerdings reflektiert sie jenen Sachverhalt, hält einen Moment inne und kommt mithilfe ihrer emotionalen Intelligenz zu dem Schluss, dass sie zunächst abwarten und Stefan beim nächsten Treffen offen und direkt darauf ansprechen sollte.

Hätte Jana stattdessen angerufen und vorwurfsvoll gefragt, wer denn die besagte Frau sei, so hätte dies weitere negative Folgen – etwa einen bösen Streit – nach sich ziehen können. Hier wird deutlich, dass nicht A (das Treffen mit Laura) Auslöser für die entsprechende innere Reaktion Janas ist, sondern B – ihre persönliche Lebensphilosophie, wenn Sie so wollen. Wenn Selbstzweifel und ähnliche negative Gefühle dominieren, stellen alle Ereignisse (A) und die darauffolgende innere Reaktion (C) eine Bestätigung dessen dar, was man ohnehin schon wusste (im oberen Beispiel das Gefühl, „nicht gut genug zu sein").

Der Begriff „selbsterfüllende Prophezeiung" kommt hier in den Sinn. Wer fatalistisch davon ausgeht, dass die schlimmsten Dinge auch immer eintreffen müssen, bei dem befindet sich das Angstzentrum im Gehirn in Dauerbereitschaft – und entsprechend beeinflusst dies das Verhalten. Im schlimmsten Fall bestätigen sich am Ende die Selbstzweifel gerade dadurch – bewusst oder unbewusst. Eine besonders üble mentale Verzerrung also, bei der jede „bedrohliche" Situation durch die „Fatalismus-Brille" betrachtet wird und gerade dadurch „die entsprechende Optik annimmt".

„Schießen Sie sich also keinen zweiten Pfeil ins Bein!", wie es die Buddhisten sagen würden. Verwandeln Sie vielmehr die *heißen* Gefühle in *kalte* und reflektieren Sie über den weiteren Vorgang. In den meisten Fällen ist es ohnehin nicht so katastrophal, wie es Ihnen der erste Impuls vermitteln will, der Ihnen Panik signalisiert. Damit Sie die Umstellung von „heiß" auf „kalt" vornehmen können, gibt es verschiedene Varianten des „Tief-Durchatmens“, zu denen Sie im Workbook am Ende dieses Ratgebers noch weitere Anregungen erhalten.

Aufgabe: Verfahren Sie nach dem o. g. Prinzip, indem Sie sich an eine Situation erinnern, die Sie unüberlegt angegangen sind. Teilen Sie diese nach der ABC-Methode in ihre einzelnen Komponenten auf. Versuchen Sie, sich daran zu erinnern, wie Sie sich in besagter Situation gefühlt haben, Ihr „Glaubenssystem". Welche Gefühle haben Sie empfunden? Wie sah Ihr innerer Disput aus? Welchen Schluss haben Sie gezogen? Wie haben Sie sich daraufhin verhalten? Und so weiter. Notieren Sie sich nun eine „emotional intelligente“ Alternative zu jener vergangenen und unliebsamen Situation.

Samstag: Irrationale Schuldgefühle analysieren und mit Misserfolgen umgehen lernen

Fehler zu machen, ist völlig normal und gehört zum Alltag und Leben jedes Einzelnen. Entsprechend wichtig ist es daher, „erwachsen“ mit Misserfolgen umzugehen. Statt sie als Beweis der eigenen Unfähigkeit zu betrachten, sollten sie vielmehr als Teil eines notwendigen Lernprozesses begriffen werden – ebenfalls Teil des „*Reframens*“! Die Samstagsübung soll Sie dabei inspirieren, bei kleinen und größeren Misserfolgen nicht in Schuldgefühle zu versinken oder gar an der eigenen Person zu zweifeln. Lernen Sie daher auch im Zuge des Projektes „EQ“, die Angst vor Versagen (und damit zusammenhängend als „Versager“ dazustehen) zu überwinden und *Fehler vielmehr aus einer konstruktiven Perspektive aus* zu betrachten.

Stellen Sie sich nun folgende Fragen und bewerten Sie diese auf einer Skala von 1–7:

1. „Trifft überhaupt nicht zu.“

2. „Trifft meistens nicht zu.“

3. „Trifft manchmal zu.“

4. „Neutral beziehungsweise weder noch.“

5. „Trifft manchmal zu.“

6. „Trifft meistens zu.“

7. „Trifft immer zu.“

1. „Ganz gleich, wie hart ich arbeite oder mich bei einer Sache bemühe, ich denke am Ende immer, dass ich es hätte besser machen können."

---

2. „Bei Fehlern gibt es keine Entschuldigung!"

---

3. „Ich gebe bei allem grundsätzlich immer 100 %."

---

4. „Wenn Dinge nicht perfekt sind, fühlt es sich für mich so an, als hätte ich sie gar nicht getan."

---

5. „Ich habe Probleme, mich von meiner Arbeit (Studien, Projekt etc.) zu distanzieren, etwa während der Freizeit.

---

6. „Ich kann mich nur entspannen, wenn es zu Hause aufgeräumt und sauber ist."

---

7. „Wenn ich meine Bedürfnisse vor die der anderen stelle, fühle ich mich schnell schuldig und als „Egoist"."

---

8. „Müde zu sein, ist keine Entschuldigung, wenn es noch Dinge zu erledigen gibt!"

---

9. „Wenn ich einmal nicht produktiv bin, empfinde ich Schuldgefühle und fühle mich faul."

---

10. „Ich habe immer das Gefühl, nicht genug für meine Mitmenschen zu tun."

---

11. „Die Bedürfnisse der anderen haben bei mir oberste Priorität."

---

12. „Wenn ich einmal außerhalb Essen gehe, fühle ich mich schuldig, da ich das Geld auch hätte sparen und selbst kochen können."

---

13. „Wenn ich meine Sorgen und Probleme ausdrücke, fühle ich mich schuldig und als „würde ich jammern".

Aufgabe: Ordnen Sie die Aussagen den Eigenschaften „Perfektionismus und „Schuldgefühle" zu und machen Sie sich Notizen dazu, wie stark sie auf Sie zutreffen. Wer bereits bei zwei Aussagen „trifft stark zu" oder „trifft immer zu" angibt, leidet unter einer Tendenz zum Perfektionismus und/oder Schuldgefühlen – höchste Zeit also, sich diese bewusst zu machen! Notieren Sie sich anschließend Gegenargumente zu Ihrem Standpunkt. Sollten Sie sich etwa immer schuldig fühlen, wenn Sie die eigenen Bedürfnisse über die Ihrer Liebsten stellen, notieren Sie sich all die Dinge, die Sie im letzten Monat für andere Personen getan haben. Notieren Sie sich zudem alles, was Sie „nur für sich" gemacht haben, sich also selbst gegönnt haben. Was tun Sie etwa nur für Sie selbst, wenn Sie unter Stress stehen? Tun Sie in solchen Momenten überhaupt etwas für sich?

Entschließen Sie sich dazu, bewusst einen kleinen Fehler im Alltag zu begehen. Bevor Sie diesen machen, notiere Sie sich alle Dinge, die Sie als Reaktion darauf von Ihrem Umfeld, aber auch von sich selbst erwarten. Notieren Sie sich am Ende des Tages, was tatsächlich passiert ist. Wie haben Sie sich als Reaktion darauf gefühlt und in welchem Aspekt wurden Ihre „Befürchtungen" widerlegt? Vergleichen Sie Vermutung mit Realität. Überlegen Sie, wie sich jenes Prinzip auch auf Situationen übertragen lässt, die Sie nicht planen können. Denken Sie daran, dass es kein Weltuntergang ist, wenn man einen Fehler macht – entsprechend lässt sich also auch der anschließende Stress vermeiden, der sich wiederum negativ auf Emotionen, Gefühle und somit auf Ihr Verhalten und Denken auswirkt.

Sonntag: Den eigenen Einfluss auf Dinge analysieren (und verstehen, worauf man keinen Einfluss hat!)

Machen Sie sich Notizen zu Dingen, auf die Sie aktiven Einfluss nehmen können, sowie Notizen zu Dingen, die Sie regelmäßig ärgern, auf die Sie jedoch keinen direkten Einfluss haben. Überlegen Sie sich anschließend Strategien, die Ihnen bei der nächsten Konfrontation jener „externen Faktoren“ helfen könnten, mit diesen besser umzugehen. Orientieren Sie sich dabei an den im Buch enthaltenen Tipps und überlegen Sie sich ein passendes Mantra*, das Sie beim nächsten unliebsamen Zwischenfall leise aufsagen.

** Der Begriff Mantra stammt aus dem indischen Ayurveda und bedeutet so viel wie ‚Formel‘ oder ‚kleiner Spruch‘, bestehend aus Wörtern (oder nur einem Wort), die regelmäßig wiederholt werden und dabei dem Bewusstsein helfen, in einen anderen (positiveren) Zustand zu wechseln. Mantras helfen dabei, in akuten Stressmomenten zu mehr innerer Ruhe zu finden.*

Lösungen/ „Spickzettel“:

1. **Mögliche Lösungen zur Montagsaufgabe:**

Vorab: Beachten Sie, dass es sich hierbei um Ihre Selbsteinschätzung handelt. Wenn Sie eine niedrige Punktzahl erreicht haben, könnte das daran liegen, dass Sie starke Kompetenzen im Bereich EQ besitzen. Es könnte jedoch auch bedeuten, dass Ihre Selbsteinschätzung ein wenig reflektierter ausfallen sollte und hier Nachholbedarf besteht. Kaum eine Person erreicht hier unter „objektiven Gesichtspunkten“ null Punkte. Aus diesem Grund ist es wichtig, dass Sie sich parallel zur Selbsteinschätzung ebenfalls von einer vertrauten Person einschätzen lassen. Denken Sie immer daran, dass konstruktive Kritik ein wichtiger Bestandteil qualitativ hochwertiger Freundschaften und Beziehungen darstellt und kein Angriff auf die eigene Person ist. Die Montagsaufgabe möchte Sie daher auch dazu ermutigen, sich konstruktiver (Selbst-) Kritik auszusetzen – der erste Schritt in Richtung EQ-Optimierung!

2. **Mögliche Lösungen zur Mittwochsaufgabe:**

Externe Faktoren:

- Anerkennung,

- finanzieller Erfolg, Ruhm,

- „Ehre“, „Respekt“

- Das soziale Umfeld zufriedenstellen

- Sätze wie „Ich werde ihm/ihr zeigen, dass ich in der Lage bin, die Aufgabe zu erfüllen!“ („etwas beweisen müssen“ – ganz gleich, ob beruflich oder im sozialen Leben)

Interne Faktoren:

- die eigenen Werte, die eigene „Lebensphilosophie“

- die eigenen Leidenschaften

- Der Wunsch, Hürden und Herausforderungen zu überwinden und dadurch mehr Selbstwertgefühl entwickeln zu können.

3. **Mögliche Lösungen zur Donnerstagsaufgabe:**

„Sie ist immer so unordentlich“ = Wut, Frust, Ärger, Konfrontationsbereitschaft, zudem eine klassische „Du-Aussage“ und somit nicht im Sinne einer konfliktfreien, deeskalierenden Konfrontation.

„Ich verdiene wohl nichts Besseres“ = Trauer, Resignation, Selbstzweifel, Minderwertigkeitskomplexe und so weiter.

„Sie/er ist möglicherweise im Moment stark beansprucht/überfordert“ = Verständnis, Mitgefühl, Empathie. Sie erinnern sich an eine Situation aus Ihrem Leben, in der Sie sich ähnlich gefühlt und verhalten haben.

„Ihr/ihm ist nicht bewusst, dass mich das stört“ = Hoffnung, die Einsicht, dass es sich um ein Missverständnis handelt, die Erkenntnis, dass hier Kommunikationsprobleme eine Rolle spielen (möglicherweise haben Sie die eigenen Bedürfnisse nicht richtig kommuniziert). Zudem könnten hier unterschiedliche charakterliche oder kulturelle Faktoren einfließen (Wann wird in der Regel das Geschirr gewaschen und so weiter).

„Er/sie nimmt meine Wünsche/Bedürfnisse/Regeln überhaupt nicht ernst.“ = Gefühl der Vernachlässigung und Nichtbeachtung, verknüpft mit dem Glaubenssatz „Ich bin nicht genug“.

„Alternativerklärungen", welche „harte Gefühle" abschwächen:

1. Die Person steht im Moment unter starkem persönlichem Stress und fühlt sich von einfachen Alltagsdingen bereits überlastet.

2. Sie muss noch lernen, dass das Zusammenleben auch Verpflichtungen erfordert, da sie aus einer Familie stammt, in der die Mutter immer den Haushalt erledigt hat.

3. Ihr ist nicht bewusst, dass sich andere Personen von schmutzigem Geschirr gestört fühlen, da dies ein Aspekt ist, der sie/ihn in der Regel weder positiv noch negativ tangiert.

4. Vielleicht spült er/sie immer abends ab, während andere es bevorzugen, den Abwasch vor oder kurz nach dem Kochen zu erledigen.

5. Vielleicht wurde in der Vergangenheit nicht deutlich genug von meiner Seite kommuniziert, dass hier verschiedene Bedürfnisse aneinandergeraten.

Fazit: Der Sachverhalt kann für beide Parteien als **Lernprozess** verstanden werden.

4. Anmerkungen zur Samstagsaufgabe

Wenn Sie bei mehr als 2 Aussagen einen Wert zwischen 4 und 7 angegeben haben, leiden Sie bereits unter der Tendenz zum Perfektionismus sowie der Eigenschaft, die Bedürfnisse der anderen über die eigenen zu stellen und damit zusammenhängend auch allzu hart mit sich selbst ins Gericht zu gehen! Sollte dem so sein, so kann Ihnen die starke Diskrepanz zwischen dem, was Sie für andere tun, im Vergleich zur „Selbstpflege" als objektiver Beweis dafür dienen, sich weniger Schuldgefühle zu machen, wenn es darum geht, die eigenen Bedürfnisse zu befriedigen.

Umgekehrt gilt jedoch auch, dass bei einem besonders niedrigen Wert (Beispiel: Sie haben bei keiner Aussage einen Wert über 3 angegeben) die Gefahr besteht, dass Sie soziale Kompetenzen wie Empathie und Hilfsbereitschaft dem eigenen Wohlbefinden unterordnen. Mit anderen Worten: Sie sollten darauf achten, keine allzu egoistischen Bedürfnisse auszuprägen. Anders als vermutet wirkt sich ein überzogenes „Ellenbogenverhalten" überaus schädlich auf die allgemeine Lebensqualität aus – auch dies ist wissenschaftlich bewiesen und somit mehr als nur eine Frage der persönlichen Moral.

5. Mögliche Lösungen zur Sonntagsaufgabe

Dinge, auf die Sie einen Einfluss ausüben können, wären zum Beispiel:

- Meine Arbeit zeitnah erledigen und entsprechend meinen Tag strukturieren/planen.

- Nach Hilfe fragen, wenn ich nicht mehr weiterwissen sollte.

- Lernen, meine Probleme besser zu verbalisieren sowie diese mit meinem Umfeld zu kommunizieren.

- Mich in Geduld üben.

- Bewusst daran arbeiten, meine Emotionen und Gefühle besser kontrollieren zu können, zum Beispiel, indem ich täglich meditiere oder Yoga-Übungen mache.

- Einen gesunden Lifestyle etablieren, der mir die nötige Kraft für alltägliche Stresssituationen verleiht (Beispiel: ausreichend Schlaf, gesunde Ernährung, ungesunde Lebensgewohnheiten überwinden und so weiter).

- Mich ausrcichend auf Situationen vorbereiten, die mich verunsichern.

- Menschen in meinem Privatumfeld vermeiden, die meine Unsicherheiten und negativen Eigenschaften forcieren („toxische Beziehungen").

- Lernen, mehr Verständnis für meine Mitmenschen zu haben und Kritik nicht als Angriff auf meine Person zu betrachten.

Beispiele von alltägliche Dingen, die sich außerhalb Ihres Einflusses befinden:

- Verspätungen im öffentlichen Nahverkehr.

- Die schlechte Laune Ihres Chefs und Ihrer Kollegen aufgrund von Dingen, die in ihrem Leben stattfinden.

- Gesetzte Deadlines Ihrer Arbeit, Universität und so weiter.

- Pandemie-Restriktionen.

- Fehler Ihrer Arbeitskollegen.

- Die schlechte Laune Ihres Kindes, da die Konzerttickets seiner/ihrer Lieblingsband ausverkauft sind.

... und vieles weitere, das Sie nicht auf Ihre Person beziehen sollten, was somit auch keinen bewussten Angriff auf Ihre Person darstellt und folglich auch keinen Grund für zusätzlichen Stress darstellen sollte!

Weitere Tipps und Tricks!

1. Mit Schärfe gegen Panik & Co.: Ein kleines Selbstexperiment

Nachfolgend ein kleiner Tipp aus Fernost, der Ihnen auf den ersten Blick möglicherweise ein wenig ungewöhnlich erscheinen wird, in akuten Stress- und Angstsituationen jedoch Wunder bewirken kann. In vielen Kulturen ist dies mitunter der Grund, weshalb so gern scharf gegessen wird: die überaus entspannende Wirkung von Chili!

Das Gewürz kommt vor allem in asiatischen sowie südamerikanischen Kulturen zum Einsatz und dient neben kulinarischen Gründen unter anderem dazu, das Essen aufgrund seiner antibakteriellen Eigenschaften zu desinfizieren sowie länger haltbar zu machen. Doch die Schote kann weitaus mehr: Sie senkt den Blutzuckerspiegel, hält länger satt und verhindert dadurch Heißhungerattacken. Studien konnten zudem nachweisen, dass auch das in dem Chili enthaltene Flavonoid Apigenin einen positiven Einfluss auf das Gehirn ausübt, indem es die Verbindungen zwischen Gehirnzellen stärkt und sich sogar positiv auf Erinnerungsvermögen und Lernverhalten auswirken kann.

Chili kann zudem dabei helfen, in akuten Stresssituationen einen emotionalen „Reset“ zu triggern, denn das Gewürz hat eine überaus entspannende Wirkung auf Geist und Psyche – was sich bereits kurz nach dem Konsum bemerkbar macht und sich daher zur Deeskalation bei bestimmten unliebsamen Emotionen eignet. Grund dafür ist die im Chili enthaltene aktive Komponente Capsaicin, welches für die charakteristische Schärfe sorgt. Beim Konsum bindet der Stoff an Schmerzrezeptoren, die sogenannten TRPV1, die sonst auch bei starken Temperaturunterschieden reagieren und etwa für das subjektive Gefühl des „Verbrennens“ im Mund zuständig sind, wenn zu heiß oder scharf gegessen wird. Letzteres ist dabei also nur ein subjektiv als heiß empfundenes Gefühl, ohne dem Körper dabei tatsächlich zu schaden. Kurz nach Abklingen der Schärfe reagiert das Gehirn mit einem erhöhten Ausstoß verschiedener Hormone, darunter auch das

Glückshormon Serotonin (der eigentliche Grund, weshalb man sich nach scharfem Essen besonders entspannt fühlt).

Durch den Kontrast zwischen einerseits (temporärem und „harmlosem") Schmerz und andererseits der anschließend folgenden „Belohnung" in Form bestimmter Hormone lassen sich sämtliche unliebsamen Emotionen und Gefühle überwinden, indem der Körper und damit auch die Psyche regelrecht aus dem Status quo herauskatapultiert werden – und sich somit auch Stress oder Nervosität schnell und einfach überwinden lassen.

Vergessen Sie nicht, dass sich Emotionen immer in körperlichen Zuständen zeigen und diese es sind, die umgekehrt einen positiven Einfluss auf unser Wohlbefinden und Verhalten ausüben können. Wenn Sie sich das nächste Mal gestresst fühlen und gerade beim Essen sind, machen Sie einen kleinen Selbstversuch und probieren Sie einmal, besonders scharf zu essen. Beobachten Sie anschließend, wie der nachlassende Schmerz für eine veränderte Wahrnehmung sorgt, und machen Sie sich ggf. Notizen in Ihrem Tagebuch: Wie haben Sie sich *vor* und *nach* dem „Chili-Reset" gefühlt? Wie konnte jene Spritze aus Glückshormonen akute Extremgefühle zum Positiven verändern? Das bewusste Wahrnehmen davon, wie sich Emotionen durch körperliche Veränderungen zu unserem Vorteil beeinflussen lassen, ist überaus faszinierend und kann in zahlreichen Situationen davor bewahren, den Kopf zu verlieren. Probieren Sie es aus!

Reset 2.0: Kalt Duschen macht glücklich und entspannt!

Es klingt einfach und ist es in der Tat auch, gleichzeitig ist es seit Jahrhunderten bewährt bei Sportlern sowie in Konservatorien, für Kuren jeglicher Art sowie in einigen Fällen auch therapiebegleitend bei Depressionen: das kalte Duschen. Wie bei Chili kommt es hier zu einer interessanten hormonellen Veränderung im Gehirn, mit dem sich akute „Notsituationen" abschwächen lassen, sodass das Denken nicht mehr von irrationalen Emotionen und Gefühlen dominiert wird. Studien konnten zeigen, dass eine kalte Dusche nicht nur den Anteil des „Stresshormons" Kortisol verringert, sondern es im Körper gleichzeitig zu einer erhöhten Ausschüttung der Glückshormone Endorphin und Serotonin kommt. Während der Zeit, in der Sie unter der Dusche stehen, richten Sie die Aufmerksamkeit zudem auf ein rein physikalisches Phänomen: auf die Kälte des Wassers auf Ihrer Haut. Vielleicht frieren Sie sogar oder verspüren ein temporäres Unwohlsein, denn eigentlich duschen Sie lieber warm. All jene wechselnden Zustände, ausgelöst durch körperliche Veränderungen, sollen keineswegs als *die* Lösung Ihrer Probleme betrachtet werden. Doch wie bereits besprochen, dienen sie der Wahrnehmung dazu, mithilfe einer Art „innerem Reset" aus der mentalen Einbahnstraße, bestehend aus irrationalen Sorgen, Ängsten sowie weiteren „Vernunft-Killern" herauszufinden.

Lachen Sie den Stress einfach weg!

Lachen macht glücklich und wirkt sich gleich in mehreren Bereichen positiv auf Körper und Geist aus. Humor dient dabei nicht nur der Unterhaltung und dem Zeitvertreib, sondern stellt einen überaus komplexen körperlichen Prozess dar, bei dem zahlreiche Vorgänge zusammenarbeiten:

- Es erhöht den Sauerstoffgehalt in den Zellen (und somit auch den Nervenzellen)

- Es verbessert die Durchblutung der Muskulatur (und hilft gegen Verspannungen).

- Es beschleunigt den Abbau von Cortisol im Körper.

- Darüber hinaus senkt das Lachen die Herzschlagrate und den Blutdruck. Und wie Sie bereits wissen, fördert dies nicht nur Entspannungsprozesse im Körper, sondern es hilft dabei, „heiße" Gefühle abzuschwächen und ungewünschte Emotionen wie Nervosität zu überwinden.

Auch wenn das Lachen angeboren ist und sich bereits Neugeborene so Ausdruck verschaffen, kommt es im Alltag zwischen Berufs- und Familienstress häufig zu kurz. Laut der Psychologin Janet Gibson, Professorin auf dem Gebiet der kognitiven Psychologie, die sich in ihren Studien auf die Psychologie des Lachens konzentriert hat, führt das regelmäßige Lachen auch zu einem höheren EQ. Beim Lachen werden gleich mehrere Bereiche im Gehirn aktiv:

- Der motorische Kortex, der die Muskelbewegungen im Körper kontrolliert.

- Der Frontallappen, etwa zuständig für das Verstehen von Kontexten und das Verstehen von Zusammenhängen.

- Das limbische System, welches an der Regulation der Emotionen beteiligt ist.

Werden jene Regionen gleichzeitig betätigt, so führt dies unter anderem dazu, dass neuronale Verbindungen gestärkt und Gehirnaktivitäten besser koordiniert werden. Eine interessante Studie zum Thema Lachen und Gehirn kam ferner und überraschenderweise zu der Erkenntnis, dass jene positiven neuronale Veränderungen im Gehirn bereits von der muskulären Handlung des Lachens

„getriggert" werden und sich somit bereits ein „grundloses Lächeln" positiv auf die Psyche auswirken kann. Lachen hilft also bereits dann, wenn kein bestimmter Auslöser dafür existiert. Dies klingt auf den ersten Blick ein wenig befremdlich und erinnert an Filmszenen, etwa an einen nahenden Nervenzusammenbruch, vor welchem sich der Protagonist mit unkontrolliertem Lachen Ausdruck verschafft.

Ganz so bizarr muss der nachfolgende Selbstversuch aber nicht ausfallen. Allerdings hilft es bereits, glaubt man den Studien, wenn Sie sich vor einen Spiegel stellen und sich ausgelassen anlachen. Überwinden Sie dabei die Hemmungen und probieren Sie jene Übung am besten aus, wenn Sie ungestört sind. Beobachten Sie, wie sich das Lachen auf Ihre unmittelbare Stimmung auswirkt. Vielleicht kommen Ihnen dadurch auch lustige Erinnerungen in den Sinn, sodass das anfängliche Selbstexperiment zu einer humoristischen Nostalgie-Session führt, die den Alltagsstress ein wenig verfliegen lässt und für bessere Nerven sorgt.

Durchatmen: Mit Meditationsübungen und Yoga zu psychischer Resilienz und Selbstkontrolle

Schon lange ist Meditation kein Geheimtipp mehr. Was der indische Ayurveda und fernöstliche Mönche für Körper und Geist seit Jahrtausenden praktizieren, konnten mittlerweile auch wissenschaftliche Studien nachweisen: Meditation verbessert die kognitiven Fähigkeiten und hilft gegen negative Emotionen und Gefühle.

Ein Psychologieprofessor der Universität Massachusetts, Prof. Jon Kabat-Zinn, hat diese in die westlich-schulmedizinische Wissenschaft übertragen und, aufbauend auf den antiken Lehren der Buddhisten, einen Therapieplan erstellt. Dieser besteht aus regelmäßigen Yoga- und Meditationsübungen und nennt sich kurz MBSR – Kurse und Zentren finden Sie mittlerweile in jeder größeren Stadt Deutschlands und die Nachfrage steigt weiterhin an.

Sie können Meditationsübungen aber auch zu Hause im Wohnzimmer praktizieren. Ziel dieser ist es, sich völlig auf den Moment zu konzentrieren und zu lernen, die ständigen Gedankenströme an sich vorbeiziehen zu lassen. Und das ermöglicht die nötige Distanz und führt bei regelmäßiger Übung dazu, sowohl Emotionen als auch Gefühle besser kontrollieren zu können. Es geht also auch hier nicht darum, sich der negativen Gedanken zu entledigen (was, wie Sie gelernt haben, nicht möglich ist), sondern eine andere Perspektive zu ihnen einzunehmen. Mit der Zeit lernen Sie zudem, ortsunabhängig kleine „Meditationssessions" abzuhalten – etwa während eines Verkehrsstaus oder am Bürotisch sitzend. Natürlich erfordert das Kontrolle über den eigenen Kopf und eine gute Portion Training – wie die Muskulatur benötigt auch das Gehirn einige Zeit zur Gewöhnung.

Im Folgenden finden Sie nützliche Übungen zum täglichen und „geführten" Entspannen.

Tipp: Machen Sie sich in einem „Meditations-Tagebuch" Notizen und dokumentieren Sie sowohl die Fortschritte als auch mögliche Probleme, die sich auftun. Für viele Anfänger hat sich das Dokumentieren als nützlich erwiesen. Tauschen Sie sich ferner mit Gleichgesinnten aus – etwa über soziale Medien, sollten Sie das Meditieren zu Hause allein erlernen wollen. Dort finden Sie zahlreiche Gruppen und Foren voller Mitglieder, die sich gegenseitig mit Rat und Tat zur Seite stehen. Auch findet sich seit Kurzem ein vermehrtes Angebot an digitalen Trainingsräumen, welche von Schulen und Zentren zusätzlich bereitgestellt wurden. Mithilfe sozialer Netzwerke wie Zoom können Sie sich einfach und schnell in Meditations- und Yogakurse eintragen und sich live, zusammen mit anderen Teilnehmern, bei Wunsch auch anonym, und unter Anweisung eines Profis beim Üben unterstützen lassen. Die festen Trainingszeiten erleichtern es zudem, sich „aufzuraffen". Denken Sie daran, dass sich in der Regel zusammen bessere und schnellere Erfolge erzielen lassen.

DIE WICHTIGSTEN ASPEKTE BEIM MEDITIEREN

1. Konzentration und Aufmerksamkeit: Dazu können Sie sich sowohl auf ein bestimmtes Bild, Mantra (einen Satz, den Sie immer wiederholen), ein Wort oder ein Ding konzentrieren, welches unverändert vor Ihrem „inneren Auge" bleibt. So lernen Sie, Ihre Gedanken auf ein bestimmtes Ziel zu richten, ohne sich von der Umwelt ablenken zu lassen.

2. Schaffen Sie sich ein ruhiges Setting! Zu Beginn sollten Sie das Meditieren an einem ruhigen Ort üben, der Ihnen Sicherheit bietet und an dem Sie sich wohlfühlen. Schaffen Sie sich dazu etwa Platz im Schlafzimmer oder besuchen Sie einen abgelegenen Ort in der Natur. Sie sollten dabei möglichst allein sein.

3. Lernen Sie richtiges Atmen! Die Atmung ist mehr als nur Ein- und Ausatmen und stellt einen der wichtigsten Aspekte beim Meditieren dar. Doch die meisten haben das richtige Bauchatmen verlernt und atmen hauptsächlich in den Brustkorb – zu flach! Flaches Atmen führt nicht nur dazu, dass das Gehirn schlechter durchblutet wird, sondern macht auch schneller müde und fördert psychische Auffälligkeiten wie Nervosität und Panikattacken (deren häufige Begleiterscheinung das Gefühl, „nicht mehr atmen zu können", ist). Falsches Atmen führt außerdem zu höheren Cholesterinwerten im Blut.

So atmen Sie richtig:
Atmen Sie durch die Nase ein. Entspannen Sie dabei die Bauchmuskulatur, während sich das Zwerchfell langsam dreht und dabei die inneren Organe „zur Seite schiebt“ (die dadurch massiert und besser durchblutet werden). Die Hand, welche auf dem Bauch aufliegt, bewegt sich beim Einatmen langsam nach oben, die Hand auf der Brust bleibt unbewegt. Versuchen Sie ferner, durch die Lippen auszuatmen.

4. Offenheit gegenüber Neuem: Ganz gleich, wie existenziell die Probleme auch erscheinen, versuchen Sie, die Vorurteile beiseitezuschieben und sich auf einen ganzheitlichen Lösungsansatz zu konzentrieren, statt nur auf die Symptome. Neben dem „theoretischen“ Teil sollten immer auch körperliche Übungen in Ihr individuelles "EQ-Training" integriert werden. Das Gehirn ist ein Organ und muss ebenso trainiert werden wie der Bizeps.

Kleine Atemmeditation
Setzen (oder legen) Sie sich auf den Boden in eine bequeme Position. Atmen Sie nun tief in den Bauch hinein und achten Sie auf Ihr Zwerchfell. Wenn der Bauchraum mit Luft gefüllt ist, atmen Sie zusätzlich in die Lunge. Halten Sie die Luft für etwa acht Sekunden an, atmen Sie für acht Sekunden aus und verbleiben Sie für weitere acht Sekunden „luftleer“. Wiederholen Sie die Übung insgesamt fünfmal.

NEUN EINFACHE UND EFFEKTIVE YOGAÜBUNGEN

1. Balasana („Kleinkind-Pose“)

- Setzen Sie sich auf die Knie, die Fersen zeigen in Richtung Zimmerdecke.
- Bewegen Sie nun den Oberkörper nach vorn, bis der Kopf die Yogamatte berührt.
- Die Arme sind beide nach hinten ausgestreckt, die Handflächen zeigen nach oben. Die Schultermuskulatur wird leicht nach hinten gestreckt. Verbleiben Sie so für fünf Atemzyklen.

2. Majariasana („Katzenposition“)

- Gehen Sie auf alle Viere. Knie und Handflächen berühren den Boden und stehen parallel zum Körper. Die Knie sollten direkt unter den Schenkeln stehen. Schauen Sie mit dem Kopf zu Boden, sodass Rücken, Nacken und Kopf eine gerade Linie bilden.

- Beim Ausatmen einen Buckel bilden und den Rücken in Richtung Zimmerdecke wölben, Knie und Schultern bleiben in Position, das Kinn neigt leicht in Richtung Brust.

- Beim Einatmen in die Ausgangslage zurückkehren, der Kopf zeigt nun nach oben. Die Nackenmuskeln strecken sich und die Schulterblätter dehnen sich leicht nach hinten, sodass die Brustmuskulatur „Raum schafft“. Stellen Sie sich vor, Sie sind eine Katze, die ihren Oberkörper streckt.

3. Adho Mukha Svanasana („der Hund“)

- Auf alle Viere gehen, die Knie drücken leicht gegen den Boden. Arme und Beine stehen parallel zueinander.

- Nun das Gewicht von den Knien auf die Fersen verlagern, in einer fließenden Bewegung die Arme ausstrecken (während sie immer noch mit den Handflächen gegen den Boden drücken) und den Po in die Luft strecken.

- Der Körper bildet eine Art „Brücke“, Arme und Beine sind gestreckt, Füße und Handflächen drücken leicht gegen den Boden.

- Tief ein- und ausatmen und für fünf Atemzyklen in der Position verbleiben.

4. Vrikshasana („Der Baum“)

- Stellen Sie sich mit beiden Beinen auf den Boden (optional: auf eine Yogamatte). Atmen Sie tief ein (Bauchatmung nicht vergessen!) und strecken Sie dabei beide Arme langsam nach oben. Halten Sie die Luft kurz an.

- Winkeln Sie beim Ausatmen die Beine leicht an, drehen Sie den Oberkörper gleichzeitig langsam zur rechten Seite und bewegen Sie beide Arme nach unten in einer „Halbmondbewegung“.

• Beim erneuten Einatmen bewegen Sie den Oberkörper zurück in die Mitte, während Sie beide Arme erneut nach oben ausstrecken.

• Nun beim Ausatmen nach links drehen und die Arme ebenfalls wieder nach unten bewegen. Wiederholen Sie die Übung mit insgesamt drei Durchgängen.

5. Der stehende Storch

• Stellen Sie sich mit beiden Beinen auf den Boden und halten Sie die Arme vor Ihren Körper (beide Handflächen aufeinander als „Betposition").

• Schließen Sie die Augen und konzentrieren Sie sich auf die Bauchmuskulatur. Atmen Sie dreimal tief in den Bauch. Beim vierten Mal strecken Sie das rechte Bein nach oben in Richtung Brust, winkeln es kurz an und setzen es anschließend gleich wieder ab. Wiederholen Sie jenes Anwinkeln fünfmal.

• Beim sechsten Mal umklammern Sie das angewinkelte Knie mit beiden Armen. Verbleiben Sie für drei Atemzyklen in jener Position und konzentrieren Sie sich auf das Gleichgewicht und die Bauchmuskulatur. Anschließend auf das linke Bein wechseln und die Übung für drei Durchgänge wiederholen.

6. Anjaneyasana („Halbmond-Position")

• Stellen Sie sich auf eine Yogamatte und gehen Sie mit dem rechten Bein in die Knie. Das linke Bein wird gerade nach hinten ausgestreckt („in die Hocke gehen"). Achten Sie darauf, dass das angewinkelte und ausgestreckte Bein eine gerade Linie bildet und beide Fersen gegen den Boden pressen.

• Nun langsam beide Arme über den Kopf richten und während der Aufwärtsbewegung tief einatmen, dabei den Brustkorb „strecken".

• Beide Handflächen der ausgestreckten Arme gegeneinander pressen („Betposition").

• Atmen Sie fünfmal tief ein und aus.

• Auf die andere Seite wechseln und Übung wiederholen.

7. Garudasana („Adlerpose“)

• Tief einatmen und das Körpergewicht auf das rechte Bein verlagern.

• Nun langsam das linke Bein über das rechte kreuzen und den Fuß um die rechte Wade „einwinkeln“, sodass Sie nur noch auf dem rechten „Standbein“ stehen.

• Langsam in die Knie gehen und dabei das Gleichgewicht halten. Das rechte Bein bleibt fest am Boden.

• Die Arme werden noch so nach innen gedreht, dass die Handflächen sich vor dem Gesicht kreuzen und flach zusammengepresst werden.

• Arme in jener Faltposition mit den Schultermuskeln leicht nach unten „ziehen“, sodass sich die Schultermuskulatur entspannt. Fünfmal tief ein- und ausatmen.

• Auf das linke Bein wechseln und Übung wiederholen.

8. Virabhadrasana („Kriegerpose“)

• Beine gespreizt auf die Matte stellen, beide Füße drücken gegen den Boden. Beide Arme ausstrecken, sodass sie parallel über dem Boden eine gerade Linie bilden.

• Nun nach rechts drehen und das Gewicht auf die rechte Seite verlagern, dabei das rechte Knie anwinkeln, sodass Sie in einem 90-Grad-Winkel zum Boden stehen.

• In jener Position für zehn Atemzyklen verbleiben und darauf achten, dass die Schulterblätter nach hinten gerichtet sind und die Arme ausgestreckt und parallel über dem Boden verbleiben.

• Achten Sie darauf, dass Fersen und Knie eine gerade Linie bilden.

9. Savasana („Totenpose“)

• Legen Sie sich flach auf den Boden und strecken Sie beide Arme weit aus.

• Die Beine sind ausgestreckt, die Zehen zeigen nach oben.

• Schließen Sie die Augen und atmen Sie tief ein und aus. Achten Sie darauf, wie sich die Bauchdecke beim Einatmen wölbt.

• Verbleiben Sie für etwa fünf Minuten in jener Position und lassen Sie die

Gedanken an sich vorbeiziehen. Achten Sie darauf, wie sich Ihr Körper anfühlt – sind Ihre Zehen kalt, warm, oder neutral? Beobachten Sie Ihre Gefühle „als Außenstehender“, während Sie weiter gleichmäßig und tief atmen.

KLEINE ACHTSAMKEITSÜBUNG FÜR ANFÄNGER

- Legen Sie sich auf eine Yogamatte oder ins Bett und schließen Sie die Augen. Atmen Sie tief in den Bauch hinein, rhythmisch, und konzentrieren Sie sich auf jede Körperstelle, beginnend mit den Füßen. Wie fühlen diese sich an, kalt, warm, eher neutral? Sollten Ihre Füße kalt sein, versuchen Sie, jenes Gefühl einmal vom Körper losgelöst zu fühlen, ohne dass Sie es als störend oder angenehm, sondern vielmehr als „neutral“ empfinden. Stellen Sie sich nun bildlich vor, wie Sie einmal an Ihren Zehen vorbeiwandern, jede Stelle begutachten, um anschließend langsam weiter in Richtung Körperzentrum zu gleiten.

- Fühlen Sie erst das rechte, anschließend das linke Bein und stellen Sie sich vor, dass diese nacheinander immer schwerer werden. Richten Sie die Aufmerksamkeit auch auf das Gefühl, mit dem Körper zu liegen, den Boden (oder die Bettdecke) dabei zu berühren und darauf, wie dieser gegen die Unterlage drückt.

- Atmen Sie tief in den Bauch und konzentrieren Sie sich darauf, wie sich die Brustmuskulatur langsam nach außen dehnt.

- Ziehen Sie nun langsam weiter in Richtung Körpermitte und verfahren Sie in gleicher Weise, bis Sie am Kopf angekommen sind.

Meditationsübung für mehr Selbst- und Nächstenliebe

Setzen Sie sich in eine ruhige Umgebung, die Beine überkreuzt und die Augen geschlossen. Auf Wunsch können Sie dabei auch Entspannungsmusik hören. Atmen Sie tief durch den Bauch, während sich das Bewusstsein langsam entspannt und die Gedanken, ob positiver oder negativer Natur, in den Hintergrund geraten. Richten Sie die Aufmerksamkeit ausschließlich auf das Ein- und Ausatmen und nehmen Sie sich für jeden Atemzyklus ausreichend Zeit. Machen Sie sich nach fünf Atemzyklen ein imaginäres Bild von sich selbst: Wie Sie vor Ihnen stehen und mit einer Sache beschäftigt sind, die Sie aktuell belastet (auch Eigenschaften, die Sie an Ihnen selbst stört, können hier thematisiert werden). Achten Sie dabei auch auf den „imaginären“ Gesichtsausdruck und die Körperhaltung, die Ihr Selbstbild annimmt.

Denken Sie nun an eine Person aus Ihrem Leben oder eine Person aus Ihrer Fantasie, die sich viel aus Ihnen macht, die Sie liebt, schätzt und sich um Sie sorgt. Stellen Sie sich vor, wie jene Person auf Sie zutritt und Sie anspricht, indem sie Ihre Sorgen zur Kenntnis nimmt. Kreieren Sie dazu einen inneren Dialog: „Liebe/r (Ihr Name). Ich kann sehen, wie sehr dir die aktuelle Situation zu schaffen macht und wie sehr du unter deinen Problemen leidest. Wie dich die Dinge zu überwältigen scheinen. Ich schicke dir viel Kraft (...)."

Fügen Sie weitere Sätze hinzu, welche die Person zu Ihnen sagt – vergessen Sie dabei nicht, dass jener Dialog „ganz privat" in Ihnen stattfindet und Ihnen nichts peinlich sein muss. Weitere Sätze könnten sein:

„Ich sende dir viel Kraft und wünsche dir Gesundheit."

„Schließe Frieden mit den Dingen, die außerhalb deines Einflussbereiches liegen."

„Du verdienst Ruhe und Frieden, lass den alten Ballast hinter dir."

und so weiter. Nachdem Ihnen die besagte Person hoffentlich ein wenig Zuversicht zusprechen konnte, nehmen Sie von ihr Abschied. Vor Ihrem inneren Auge sitzen Sie nun wieder allein da, allerdings hat sich das Gefühl der Verzweiflung gelöst. Richten Sie jene Worte nun an sich selbst, die die besagte Person eben an Sie gerichtet hat. Sprechen Sie dem „Inneren Selbst" all das zu, was Sie einer geliebten Person wünschen und raten würden. Nehmen Sie sich sprichwörtlich in den Arm. Im Buddhismus wird jene Form der Selbstliebe *metta* genannt. Es ist dabei zunächst nicht wichtig, ob Sie auch alles glauben, was Sie sich zusprechen. Wichtig ist zunächst, dass Sie es verbalisieren. Üben Sie regelmäßig *metta*, was neben „Freundlichkeit", „Empathie" und „Zuversicht" auch als „Selbstliebe" übersetzt werden kann und in der Tat ein wenig Übung erfordert. Oft ist es ungewohnt, sich selbst positiv zuzusprechen oder sich gar selbst (bildlich) in den Arm zu nehmen. Überlegen Sie anschließend auch, warum Sie immer allzu hart mit sich selbst ins Gericht gehen, sollte dem so sein, und welchen persönlichen Nutzen Sie davonzutragen glauben. Fühlt es sich nicht deutlich besser an, zur Abwechslung ein wenig Verständnis für die eigene Person zu zeigen?

Je öfter Sie *metta* üben, desto einfacher wird es und desto mehr verinnerlichen Sie die Worte (man spricht dabei auch von Autosuggestion!). Wenn Sie dies ein wenig trainiert haben, wenden Sie die Übung auf andere Personengruppen an: Familienmitglieder, Freunde, Verwandte, Kollegen oder gar Personen, die Ihnen

„auf die Nerven gehen“. Vergessen Sie dabei nicht, sich diese immer auch bildlich vorzustellen – ein wichtiger Aspekt beim Meditieren, der nie zu kurz kommen sollte, denn unser „inneres Auge“ spielt beim Aspekt der emotionalen Intelligenz ebenfalls eine wichtige Rolle. Dabei auch „unsympathischen Menschen“ gute Wünsche zu senden, erfordert in der Tat etwas Übung. Wer damit besonders Probleme hat, sollte nicht vergessen, dass *metta* immer auch aus „purem Selbstzweck“ praktiziert werden sollte. Denn am Ende sind vor allem Sie es, der/die von weniger Stress, Wut oder gar Hass profitiert!

Studien zu metta existieren ebenfalls, obgleich diese noch in den Anfängen sind. Ein Vergleich von insgesamt 24 Studien zum Thema Love-Kindness-Meditation (LKM), ein anderer Begriff für jene Übung, konnte bereits einen positiven Zusammenhang zwischen dem regelmäßigen Üben von Selbst- und Nächstenliebe und länger anhaltenden Perioden positiver Emotionen im Alltag nachweisen.

Tipp: Bewährt haben sich beim Meditieren meditative Klänge, darunter etwa Deltawaves, langwellige Frequenzen, die auch während des Schlafens vom Gehirn ausgesendet werden. Deltawaves können auch in Form bestimmter Entspannungsmusik akustisch wahrgenommen werden. Aufgrund derselben Wellenlänge sollen sich die Klänge positiv auf das Gehirn auswirken, glaubt man verschiedenen Studien. Entspannend wirken sie allemal und sie können auf zahlreichen Musikplattformen wie Spotify oder YouTube gefunden werden. Natürlich können Sie auch Ihre Lieblingsmusik im Hintergrund laufen lassen, wenn diese nicht vom Konzentrieren ablenkt.

WEITERE ÜBUNGEN FÜR DEN VAGUSNERV

Den Vagusnerv, den längsten, komplexesten Hirnnerv, der den Hirnstamm mit dem Rest des Körpers verbindet, haben Sie bereits kennengelernt. Er sorgt unter anderem dafür, dass das Gehirn immer mit den nötigen Informationen über Körperfunktionen versorgt wird und ist nicht nur für diverse Muskelbereiche zuständig (unter anderem für den Magen-Darm-Trakt, die Atmung, die Nacken- und Schluckmuskeln), sondern sorgt auch für eine funktionierende Blut-Hirn-Schranke, reguliert die Herzschlagfrequenz und ist damit auch ein wichtiger „Verbündeter“ in Bezug auf Fragen rund um den EQ. Je mehr Sie also lernen, Ihren Vagusnerv zu stimulieren, desto ruhiger, rationaler und gelassener werden Sie im

Alltag.

Besonders interessant, wenn es um das Thema Selbstkontrolle geht: Der Vagusnerv spielt eine wichtige Rolle beim „Gefühlsmanagement". Vom Darm aus sendet er Informationen an das Gehirn und sorgt damit für das berühmte „Bauchgefühl", das uns nicht nur ein "warmes" Gefühl vermittelt, sondern auch Gefahr signalisiert und das Gehirn entsprechend in Alarmbereitschaft versetzt.

Gezielte Übungen haben sich sowohl bei muskulären Verspannungen als auch im Kampf gegen Nervosität, Stress und Depressionen bewährt. Immer mehr Ärzte und Therapeuten verschreiben daher therapiebegleitend „Vagusnerv-Training". Einige einfache, aber hilfreiche Übungen finden Sie nachfolgend – beziehen Sie diese in das tägliche „Gehirntraining" ein:

1. Übung

• Setzen Sie sich im Schneidersitz auf den Boden. Der Kopf neigt zur rechten Seite, der rechte Arm wird über dem Kopf angewinkelt und drückt mit der Handfläche leicht auf das linke Ohr.

• Während der Kopf ruht, bewegen Sie die Augen nach links und schauen zur Zimmerdecke, denn hier gilt es auch, die Augenmuskulatur zu dehnen, die mit Gehirnmuskeln in Verbindung steht.

• Für 30 Sekunden in der Position verbleiben und den Kopf unbewegt lassen.

• Dieselbe Position nun auf der anderen Seite wiederholen und ebenfalls für 30 Sekunden in der Position verbleiben.

2. Übung

• Die rechte Handfläche flach auf den Kopf legen.

• Mit der linken Hand um den Körper fassen, sodass die Handfläche auf der linken Seite des Brustkorbs, etwas unterhalb der Achsel, anliegt.

• Langsam den Kopf nach rechts unten bewegen und dabei leicht mit der rechten Handfläche auf den Kopf drücken. Mit der linken Hand „ziehen" Sie in den Brustkorb hinein, sodass der linke Oberkörper ebenfalls gedehnt wird und die Wirbelsäule ein „C" formt.

• Mit beiden Augen nach links auf die Zimmerdecke schauen.

- Auf die andere Seite wechseln und wiederholen.

3. Übung

- Auf den Bauch legen und mit beiden Armflächen leicht aufstützen, die Schultern werden durch die Ellenbogen stabilisiert, die Schultermuskeln drücken leicht nach hinten und dehnen sich.
- Den Kopf leicht anheben und links über die Schulter schauen, dabei die seitlichen Nackenmuskeln verwenden und sich auf diese konzentrieren. Für etwa 30 Sekunden in der Position verbleiben.
- Kopf auf der Yogamatte ablegen und für einige Sekunden ausruhen.
- Übung auf der anderen Seite wiederholen.

Weitere Übungen für akute Situationen

- Neben tiefer Bauchatmung gehören auch Singen, Summen, Pfeifen und Lachen zu den Stimulanzien des Vagusnervs. Möglicherweise kennen Sie Situationen, in denen Sie sehr gestresst, genervt oder zornig sind und sich dabei erwischen, wie Sie plötzlich ein uraltes Kinderlied oder ein beliebiges Werbejingle summen oder pfeifen: Das macht Ihr Körper automatisch, um sich selbst zu beruhigen. Nutzen Sie diese Möglichkeiten aktiv, um in stressigen Situationen zur Ruhe zu kommen.
- Als der Mensch noch in Höhlen lebte, wurde er durch lebensbedrohliche Situationen geängstigt. Diese wurden durch Flucht oder Kampf gelöst. Beide Tätigkeiten sorgen für eine Senkung des gestiegenen Adrenalinspiegels – durch Bewegung. Um diese in unseren Genen veranlagte Fähigkeit zum Stressabbau zu nutzen, ist es hilfreich, wenn Sie sich bewusst bewegen. Dazu reicht es schon aus, wenn Sie täglich etwa 20 bis 30 Minuten spazieren gehen oder auch regelmäßig Kraft- oder Ausdauertraining machen. Sie sollten wöchentlich auf wenigstens 30 Minuten Bewegung kommen.

  Wichtig dabei ist, dass Sie nicht immer das Gleiche wiederholen, etwas, indem Sie immer den gleiche Weg mit dem Fahrrad zur Arbeit fahren. Der Körper gewöhnt sich nach wenigen Wochen an Routinen, sodass diese ihre Wirkung nach einiger Zeit verlieren. Wechseln Sie daher sowohl die Trainingseinheiten als auch den Schwierigkeitsgrad oder die Strecke, die Sie zu Fuß oder mit dem Fahrrad zurücklegen.

- Um sich aus einer Situation zu befreien, in der Sie von Ihren Emotionen übermannt werden, kann es helfen, ein Glas Wasser bewusst in kleinen Schlucken zu trinken oder einen sauren Bonbon zu lutschen. Auf diese Weise lenken Sie Ihren Körper mit einem neuen Reiz von der stressigen Situation ab. Weiterhin sorgen die Bewegungen, die beim Bonbon-Lutschen und Trinken gemacht werden, dafür, dass der Vagusnerv aktiviert wird.

PROGRESSIVE MUSKELENTSPANNUNG (PME)

Die progressive Muskelentspannung besteht aus zwei Teilen, die kombiniert werden: Zunächst werden einzelne Muskelpartien bewusst angespannt, anschließend werden sie bewusst entspannt. Regelmäßig angewendet und trainiert, führt PME dazu, die Muskulatur bewusster wahrzunehmen und schneller auf unerwünschte Emotionen zu reagieren.

Wie Sie erfahren haben, manifestieren sich negative Emotionen in körperlichen Reaktionen, wie etwa in der Muskelanspannung. Umgekehrt führen bewusste Entspannungstechniken wie PME dazu, diese – praktisch parallel zur Entspannung der Muskulatur – abzubauen oder gar nicht erst aufkommen zu lassen.

- Tragen Sie dazu bequeme Kleidung und legen Sie sich ins Bett oder auf die Yogamatte.
- Verbleiben Sie einige Minuten im Liegen und achten Sie darauf, dass Sie gleichmäßig und tief atmen.
- Wenn Sie bereit sind, beginnen Sie, die Aufmerksamkeit auf den rechten Fuß zu richten. Spannen Sie die Muskulatur so fest an, wie Sie können (ohne Schmerzen zu empfinden), und verbleiben Sie etwa 10 Sekunden so.
- Entspannen Sie anschließend den Fuß und atmen Sie weiter tief ein und aus.
- Wechseln Sie anschließend auf den linken Fuß und wiederholen Sie die Übung.
- Verfahren Sie so weiter und „wandern" Sie dabei langsam in Richtung Kopf:

Spannen Sie nacheinander folgende Körperregionen an:

1. rechter Fuß 2. linker Fuß 3. rechte Wade 4. linke Wade	5. rechter Schenkel 6. linker Schenkel 7. Hüfte und Gesäßmuskulatur 8. Bauchmuskulatur 9. Brustmuskulatur	10. Rückenmuskulatur 11. Rechte Hand und rechter Arm 12. Linke Hand und linker Arm 13. Nacken und Schultern 14. Gesichtsmuskulatur

* Linkshänder können mit der linken Seite beginnen.

Emotionale Intelligenz bei Kindern und Jugendlichen

Es gibt Menschen, die bereits in ihrer Kindheit eine beachtliche emotionale Intelligenz an den Tag legen und somit bereits „emotional intelligent" auf die Welt kommen. Diese stellen jedoch die Ausnahme dar, denn die Fähigkeit hängt, und da sind sich Forscher einig, in weiten Teilen vom sozialen Umfeld ab. Dieses meint die familiären Umstände, wohingegen kein direkter Zusammenhang gefunden werden konnte zwischen einem niedrigen sozioökonomischen Status und einem niedrigen EQ.

Glaubt man den Studien der beiden Psychologieprofessoren Paul Piff und Dacher Keltner, beide an der Universität Berkeley, Kalifornien, USA, so scheint es sich eher andersherum zu gestalten: Mit zunehmendem Wohlstand sinken sowohl Empathie als auch das „ethische Miteinander" – lässt sich diese Beobachtung auch auf Nationen und Kulturen anwenden? Es scheint ganz so, als würde sich der fortgeschrittene Wohlstand und damit zusammenhängend die zunehmende Individualisierung in der Tat negativ auf den „Volks-EQ" auswirken.

Fest steht, dass Kinder, ganz gleich, aus welchem sozioökonomischen Umfeld und welchem Kulturkreis sie stammen, ein liebevolles Elternhaus benötigen, in dem sie lernen, mit den eigenen Gefühlen und Emotionen gesund umzugehen – der Grundstein für alle sozialen Beziehungen im späteren Leben. Kinder lernen bereits anhand von Gestik und Mimik instinktiv, Körpersprache zu deuten und anzuwenden, indem sie sie schlicht kopieren und nachahmen. Dazu bedarf es jedoch auch der aktiven Förderung von emotionalen und sozialen Kompetenzen wie Empathie und Beziehungsfähigkeit – jene Fähigkeiten, die sich seit einigen Jahren im Rückgang befinden. Eine Studie der Universität von Michigan stellte dazu fest, dass sich die Empathiefähigkeit der dort eingeschriebenen Studenten in den letzten dreißig Jahren um ganze 30 % verringert hat – und Phänomene wie Narzissmus gleichzeitig auf dem Vormarsch sind. Allein in den letzten drei Jahrzehnten hat die Persönlichkeitsstörung global um rund 58 % zugenommen. Forscher vermuten, dass die zunehmende Technologisierung eine bedeutende Rolle für jene Entwicklungen spielt.

Hinzu kommen Überinformation, ständige Erreichbarkeit, die zahllosen Bilder vermeintlich perfekter Menschen auf den sozialen Medien und der Leistungsdruck im privaten sowie schulischen Umfeld – und das oftmals schon im Grundschulalter. So ist es auch wenig verwunderlich, dass bei Kindern und Jugendlichen der Trend hin zu psychischen Störungen zunimmt: Seit 2010 konnte allein in Deutschland ein Anstieg um fast 75 % verzeichnet werden.

All das führte dazu, dass, wenn auch langsam, so doch kontinuierlich, in den pädagogischen Institutionen wie Kindergärten oder Tageseinrichtungen frühkindliche EQ-Förderung zunehmende Aufmerksamkeit findet. Ganz besonders hängt sie jedoch von einem Ort ab: dem Zuhause und somit der elterlichen Erziehung. Doch wie vermittelt man emotionale Kompetenzen, wenn man selbst als Erwachsener Defizite darin hat? Ein Teufelskreis, bestehend aus unterdrückten Emotionen, schlechter Selbstkontrolle und ungesunden „Coping-Strategien", die im schlimmsten Fall in unkontrollierten Gefühlsausbrüchen zum Ausdruck kommen.

Weil es die Eltern nicht besser können, vermitteln sie destruktive Verhaltensweisen also an die Kinder weiter, die wiederum im Erwachsenenalter mit einem Mangel jener emotionalen Kompetenzen zu kämpfen haben. Besonders die älteren Generationen haben gelernt, negative Gefühle tendenziell herunterzuschlucken – „Stell dich nicht so an!", lautete die Devise. Über Probleme wurde und wird bis heute nur selten kommuniziert, sondern meist geschwiegen oder bei Konfrontationen laut und kontraproduktiv damit umgegangen. Wie Sie jedoch gelernt haben, lassen sich weder Gefühle noch Emotionen unterdrücken. Vielmehr manifestieren diese sich in Ihrem alltäglichen Verhalten – bewusst oder unbewusst. Um jenen Teufelskreis zu durchbrechen, ist es besonders wichtig, Kinder früh an das Thema „emotionale Intelligenz" heranzuführen. Richtiges Kommunizieren, die Förderung der individuellen Talente, aber auch mithilfe von Spielen, Literatur & Co. lassen sich „Social Skills" von pädagogischer Seite noch einmal bewusst fördern. Als wichtige Aspekte in der frühkindlichen EQ-Förderung gelten:

Bestärken Sie die individuellen Interessen, statt die eigenen Vorstellungen (und möglicherweise unerfüllte Wünsche aus der Vergangenheit) auf das Kind zu projizieren. Wer Schlagzeug lernen möchte, sollte nicht zur Geige „gedrängt" werden.

Kommunizieren Sie regelmäßig über die Gefühle des Kindes: Fragen Sie nicht nur danach, was heute unternommen wurde, sondern explizit auch danach, wie sich bestimmte Situationen angefühlt haben. So fördern Sie nicht nur die Auseinandersetzung mit den eigenen Gefühlen und Emotionen, sondern auch die Entwicklung eines „Emotionsvokabulars". Dies gilt vor allem für Situationen, die dem Kind Probleme bereiten: Fragen Sie danach, was genau es war, das deren Meinung nach die Probleme bereitet hat, und suchen Sie gemeinsam nach den passenden Lösungen (und unterstützen Sie das Kind beim Verbalisieren des Problems).

Praktizieren Sie die „goldene Regel", wenn über Fehlverhalten gesprochen wird. Fragen Sie Ihr Kind, wie dieses sich fühlen würde, wenn ihm etwa das Spielzeug kaputt gemacht wird („Das würde dich doch auch traurig machen, oder?"). Trainieren Sie aktiv, sich in die Lage des Gegenübers hineinzuversetzen, statt das Kind lediglich über negatives Verhalten zu belehren. Begründen Sie grundsätzlich immer, was nicht in Ordnung war (und natürlich auch, was gut gemacht wurde).

Kommunizieren Sie über die eigenen Gefühle als Elternteil. Teilen Sie dem Kind mit, wenn Sie enttäuscht oder erfreut über sein Verhalten sind, und begründen Sie auch hier, warum das so ist.

Akzeptieren Sie die persönlichen Grenzen Ihres Kindes! Wer introvertiert ist, hat möglicherweise größere Probleme dabei, sich über längere Zeit in Gruppen aufzuhalten. Und wer extrovertiert ist und besonders viel Energie hat, der muss entsprechend „ausgepowert" werden – die Grundbedürfnisse jedes Kindes sind zwar gleich, Interessen und Grenzen können jedoch individuell variieren.

Vor allem bei Kindern gilt, „Du-Aussagen" mit „Ich-Aussagen" zu ersetzen (siehe Seite 38). Vermeiden Sie es, Kinder und Jugendliche in eine defensive Lage zu treiben, indem Vorwürfe gemacht werden, Verhalten verallgemeinert wird und die betroffene Person dadurch Gefahr läuft, erst recht „dicht zu machen" und mit emotionalen Ausbrüchen den Unmut zum Ausdruck zu bringen. Zudem fördern Sie dadurch jene Kommunikationskompetenzen auch aktiv bei Ihrem Kind. Es lernt, sich bei Problemen in Form von „Ich-Aussagen" zu verständigen und somit auch einen konfliktfreien Umgang mit Problemen auf der Kommunikationsebene.

Betätigen Sie sich sozial/gemeinschaftlich, etwa durch freiwilliges Helfen im Tierheim. Kinder lernen so schon früh, Empathie zu entwickeln. Als Beispiel können Sie einen gemeinsamen Ausflug ins Tierheim unternehmen. Viele Einrichtungen sind auf Hilfe von außen angewiesen und freuen sich über regelmäßige Besuche, bei denen „Paten" Hunde spazieren führen oder beim Putzen helfen. Kinder und Jugendliche lernen so zudem früh, Verantwortung zu übernehmen, was nicht nur auf die Zukunft vorbereitet, sondern auch das Selbstbewusstsein stärkt.

Machen Sie deutlich, dass aus jeder Handlung, positiv und negativ, Konsequenzen folgen. So lernen Kinder bereits früh, das eigene Verhalten abzuschätzen. Meistens werden jene Zusammenhänge bereits früh verbalisiert („Du bekommst erst einen Nachtisch, wenn du deinen Salat aufgegessen hast", mit anderen Worten: Aus A („Ich esse meinen Salat") folgt B („Ich bekomme mein Dessert"). Thematisieren Sie jene Kausalität, fragen Sie das Kind zunächst, ob es weiß, was Konsequenzen sind. Überlegen Sie gemeinsam und lassen Sie das Kind anschließend selbstständig Beispiele aus dem Alltag aufzählen.

Bei Kindern unter 12 Jahren können Sie außerdem das „Tanzende Rosinen-Experiment" als unterhaltsames Beispiel zum Thema Kausalität hinzuziehen, das vom Kind selbst unternommen werden kann:

Benötigt wird:

- 1 TL Sodapulver

- 1 TL Weißweinessig

- Rosinen

- Ein großes Glas Wasser

Das Soda ins Wasser rühren und auflösen. Als Nächstes die Rosinen ins Wasser geben. Anschließend den halben TL Essig dazugeben und die Reaktion abwarten.

Beobachten Sie gemeinsam, was als Reaktion darauf mit den Rosinen passiert!

GENDER & CO.: WIE DAS GESCHLECHT DIE EMOTIONALE INTELLIGENZ BEEINFLUSSEN KANN

Ein weiterer wichtiger Faktor im Hinblick auf die Entwicklung emotionaler Intelligenz stellen die gesellschaftlichen Rollenvorstellungen dar, die unsere Geschlechterrollen prägen. Vor allem Jungen lernen schon früh, „stark“ zu sein und somit auch Gefühle herunterzuschlucken. Neben dem gesellschaftlichen Einfluss auf das Verhalten von Jungen und Mädchen spielen bei der Entwicklung des Umgangs mit den eigenen Gefühlen auch biologische Faktoren eine Rolle:

Studien konnten nachweisen, dass Jungen größere Probleme damit haben, bestimmte Gefühle zu kontrollieren, als Mädchen bei gleichzeitig geringeren Fähigkeiten, die Befindlichkeit verbal auszudrücken. Vermutet werden hier sowohl unterschiedliche genetische Ausprägungen als auch hormonelle Unterschiede. Interessant auch: Männliche Babys weinen im Schnitt mehr als weibliche. Zusammen mit geschlechtstypischen Vorstellungen ("Jungs sind wild, klettern auf Bäume und sprechen nicht offen über Gefühle", "Mädchen sind sensibel, feminin und gefühlsbetonter") führt beides dazu, dass es Jungs oft schwieriger haben, wenn es darum geht, einen gesunden Umgang mit den eigenen Gefühlen und Emotionen zu entwickeln.

Studien zeigen außerdem, dass Väter deutlich mehr Aufmerksamkeit auf Töchter richten, die ihre Traurigkeit zum Ausdruck bringen, verglichen mit Jungen. Und umgekehrt: Bei den Söhnen zeigten sie mehr Aufmerksamkeit, wenn es um Gefühle wie Wut und Ärger geht, wohingegen diesen bei Mädchen weniger Beachtung geschenkt wurde. Es wird vermutet, dass neben den biologischen Faktoren auch jene Rollenbilder in der kindlichen Sozialisierung dafür gesorgt haben, dass Jungen ihren Unmut (tendenziell häufiger) in Wut und Ärger, Mädchen (tendenziell häufiger) in Traurigkeit ausdrücken, statt alle „Standardgefühle“ gleichmäßig zu entwickeln.

SPIELE & LITERATURTIPPS FÜR KINDER

1. "Rollenspiele"

Fordern Sie Ihr Kind zu gemeinsamen Rollenspielen auf. Dafür kann vorab eine

Geschichte überlegt werden, die mithilfe von Verkleidung nachgespielt wird. Erschaffen Sie detaillierte fiktive Charaktere, die sich in unterschiedlichen Situationen befinden. So lernen Kinder bereits von klein an, sich in bestimmte Situationen und Personen „einzufühlen".

2. "Stimmung erraten"

Führen Sie bestimmte Situationen auf, in denen die Kinder mithilfe von Mimik und Gestik die jeweilige Stimmung identifizieren sollen. Wenn Sie wollen, können Sie das Kind zudem auffordern, anschließend das gegenteilige Gefühl darzustellen: Wenn Sie etwa einen enttäuschten Clown mimen, so sollen die Kinder einen Clown mimen, der soeben eine freudige Überraschung erhalten hat.

3. "EQ-Flashcards"

Wer aktiv positives Vokabular fördert, der fördert auch die dazugehörigen neuronalen Verbindungen im kindlichen Gehirn, was wissenschaftlich nachgewiesen werden konnte. Eine breite Varietät an „emotionalem Vokabular" vergrößert daher den emotionalen Horizont des Kindes und wirkt sich positiv auf den EQ aus. Mittlerweile gibt es dazu einige Spiele, die mit sogenannten Flashcards (Karteikarten) arbeiten. Diese können Sie sowohl im Internet bestellen als auch in ausgewählten Spielzeugläden erwerben.

4. "Selbstbewusstseins-Wackelturm"

Dabei handelt es sich um den berühmten Turm, der aus einzelnen Holz- oder Plastikblöcken langsam aufgebaut und dabei zunehmend nach oben ausgebaut wird, bis er in sich zusammenfällt. Das Spiel erfordert ein hohes Maß an Konzentration, die hier mit Frage- und Antwortspiel kombiniert wird: Jedes Mal, wenn ein weiterer Block aus dem Turm gezogen wird, soll das Kind eine spezifische Frage beantworten und somit sowohl mithilfe der Konzentration als auch mithilfe von Wissen den Turm immer höher wachsen lassen.

5. Gefühle aus dem Glas

(Kann sowohl selbst gemacht als auch online oder im Spielwarengeschäft gekauft werden). Für die Do-it-Yourself-Variante schreiben Sie alle Ihrem Kind bekannten

Gefühle auf kleine Zettel. Nach der Reihe zieht jeder einen Zettel und mimt das jeweilige Gefühl nach. Pro erratenem Gefühl gibt es einen Punkt. Wer die meisten Punkte sammelt, gewinnt.

6. Das Spiel der Konsequenzen

Schreiben Sie gemeinsam eine lustige Geschichte: Dazu wird ein Blatt mehrmals in gleichmäßige Abschnitte gefaltet. Jeder schreibt nun nacheinander in einen Abschnitt, während die anderen Teile nicht sichtbar sind.

1. Ein Adjektiv & ein Frauenname
2. Ein Adjektiv & ein Männername
3. Wo haben sich die beiden getroffen?
4. Was sagt sie zu ihm?
5. Was sagt er zu ihr?
6. Was passiert als Nächstes?
7. Was war die Konsequenz davon?

Natürlich können noch weitere Fragen in den Text eingebaut werden – Kinder lernen so nicht nur, über Konsequenzen nachzudenken, sondern können sich auch kreativ ausprobieren und gemeinsam lustige Geschichten erschaffen.

PÄDAGOGISCH WERTVOLLE LITERATUR FÜR KINDER UND JUGENDLICHE RUND UM DAS THEMA „EMOTIONALE INTELLIGENZ"

Holde Kreul: Ich und meine Gefühle (ab 5 Jahren)

Manchmal ist man glücklich, an manchen Tagen dann wieder traurig oder zornig – manchmal ist es verwirrend, wie viel wir fühlen können. Das Buch führt Kinder altersgerecht, mit liebevollen Zeichnungen und anhand spannender Geschichten an das schwierige Thema „Umgang mit den eigenen Gefühlen" heran.

Clemens Fobian, Mirjam Zels; „Soll ich es sagen? Eine Geschichte über

Geheimnisse" (Alter: ca. 4 bis 7 Jahre)

Der Protagonist Ramin begibt sich auf die Reise danach, was Geheimnisse ausmachen und wann er diese für sich behalten sollte. Doch in manchen Situationen ist es besser, Geheimnisse zu teilen. Ramin lernt im Lauf der Geschichte den wichtigen Unterschied zwischen Schweigen und Kommunikation.

Gerhard Hütler, Inge Michels: Gehirnforschung für Kinder - Felix und Feline entdecken das Gehirn (Alter: 4 bis 10 Jahre)

Spielend eintauchen in die faszinierende Welt des Gehirns, dessen Funktionen kindgerecht, humorvoll und spannend geschildert werden.

Lena Kathinka Schaffner: „Wir gehen zur Schule! Von Kenia bis Amerika" (Alter: 5-8 Jahre)

Hier erfahren Kinder, wie Schüler aus aller Welt – etwa in Afrika oder Papua-Neuguinea – zur Schule kommen. Sie lernen somit auch, einen Blick über den eigenen Tellerrand zu werfen und wie unterschiedlich der tägliche Schulweg, samt Landschaft, Bräuchen und Sitten, ausfallen kann.

Rachel Roney, Zehra Hicks: Geh weg, du Problem! (4 bis 7 Jahre)

Was sind Probleme und wie geht man damit um? Mit Humor wird Kindern hier die Angst vor Problemen genommen. Sie werden dazu ermutigt, sich aktiv mit ihnen auseinanderzusetzen.

Christina Arras/Ilona Einwohlt: Schmetterlingsgefühle für dich – das Coachingbuch für starke und selbstbewusste Mädchen (11 bis 13 Jahre)

Ein kleiner Ratgeber für Mädchen im Teenageralter, der mit Checklisten, Fragen, Tipps und Tricks die individuelle Persönlichkeitsentwicklung mit der nötigen Girl-Power beflügelt.

Rödl, Kathrin: Mehr als stark! Gechillt durch Alltag und Schulstress: Kreatives Mitmachbuch zum Thema Resilienz und Achtsamkeit ab 11.

Cole, Elisabeth: Ich bin stärker als Wut. Bilderbuch über den Umgang mit Wut und den Gefühlen von Kindern (3 bis 6 Jahre)

Literatur für Eltern und Pädagogen:

Kröllken, Nina: Kindliche Sprachförderung im Alltag: Starke und selbstbewusste Kinder durch hohe Sprachkompetenz, inkl. 100 spielerischen Übungen – praxiserprobt und kinderleicht, 2021.

Erkert, Andrea: Streiten – helfen – Freunde sein: Spiele, Lieder und anregende Angebote zur Förderung von Toleranz, emotionaler und sozialer Kompetenz in Kindergarten und Grundschule.

Bücken-Schaal, Monika: 30 Gefühlekarten für Kinder: Sozial-emotionale Entwicklung fördern. Emotionen beschreiben und ausdrücken. Lösungen finden, Empathie lernen. (Für Kinder von 4 bis 8 Jahren)

(Seriöse) EQ-Tests aus dem Internet

Auf die Schnelle den individuellen EQ auszurechnen, ist nicht möglich, sofern Sie an einem seriösen Ergebnis interessiert sind. Abgesehen von Psychologen, Verhaltenstherapeuten und „Coaches“, die in einigen Fällen (ausführliche) Tests anbieten, finden Sie im Internet Homepages wie eiconsortium.org (Consortium for Research on Emotional Intelligence). Diese Seite bietet eine Übersicht über verschiedene standardisierte Tests, darunter den Mayer-Salovey-Caruso Emotional Intelligence Test, kurz MSCEIT, der sich aus insgesamt 141 Teilen zusammensetzt und etwa 45 Minuten dauert. Er stellt den weltweit am häufigsten verwendeten EQ-Test dar und kann für den deutschsprachigen Raum online samt ausführlichem Ergebnisreport (kostenpflichtig) durchgeführt werden unter:

https://www.testzentrale.de/shop/mayer-salovey-caruso-test-zur-emotionalen-intelligenz-69909.html

Ferner finden Sie einen kleineren und kostenfreien Test bestehend aus 100 Fragen, der etwa 20 Minuten dauert:

https://www.sueddeutsche.de/quiz/karriere/eq-test--pers%C3%B6nlichkeitstest-50ceff3b49fdf0baba67c8fd0ad08566

Schlusswort

Sie haben erfahren, dass es sich beim EQ um eine flexible Fähigkeit handelt, die sich somit auch ausbauen und weiterentwickeln lässt. Wer nicht gerade als Genie geboren wird, der benötigt für jede Fähigkeit, sei dies, um ein Instrument zu erlernen oder Tennis zu spielen, viel Übung und immer auch eine Portion Selbstreflexion, um die eigenen Stärken, Fortschritte und Probleme zu erkennen. Wer aus völlig unterschiedlichen Gründen das Bedürfnis hat, an den emotionalen und sozialen Fähigkeiten zu arbeiten, der muss zunächst einmal sein eigenes Mikrouniversum an Gefühlen und Emotionen ergründen und verstehen.

Wichtig ist dabei, zu verstehen, dass sich das nicht über Nacht und völlig „isoliert" im Alleingang erreichen lässt. Sie sollten diese Lektüre lediglich als Hilfestellung und Anregung betrachten und in Ihrem Alltag beständig umsetzen. Versuchen Sie, in Ihrer sozialen Umgebung – Familie, Freundeskreis oder am Arbeitsplatz – aktiv mit anderen Personen zu interagieren und Ihre hier erworbenen „EQ-Skills" in der Praxis auszuprobieren. Holen Sie Personen mit ins Boot, denen Sie vertrauen und von denen Sie glauben, Sie gut einschätzen zu können. Machen Sie sich weiterhin den Zusammenhang zwischen Gesundheit, Bewegung, Stressmanagement und Emotionen bewusst und wie all dies nicht nur das Denken, sondern selbst die hormonelle Zusammensetzung im Gehirn bis hin zur Qualität der Gehirnzellen beeinflusst.

Introspektion, das In-sich-Hineinhorchen, das Beobachten unserer Mitmenschen sowie der gesündere (kontrollierte) Umgang mit negativen Emotionen und Gefühlen bilden eine gute Ausgangssituation, die eigenen, eingefahrenen Verhaltensmuster zu überdenken und zu verbessern. Wer erst einmal über den eigenen Tellerrand geschaut hat, die eigenen mentalen Verzerrungen angeht und sich für neue Perspektiven öffnet, für den tun sich immer auch völlig neue Welten auf – sei dies im Privatleben oder beruflich.

Workbook

Sie haben bereits einige Übungen erhalten, um sich in aufwühlenden Situationen zu beruhigen oder um Ihre Gelassenheit allgemein zu trainieren und hin und wieder einen Blick darauf zu werfen, wie sich Ihr Gegenüber fühlen könnte. Hier folgen nun einige Übungen, die sich intensiver mit Ihrer emotionalen Intelligenz befassen.

Es passt nicht jede Übung zu jeder Person, daher kann es sein, dass Ihnen einige der Übungen und Aufgaben eher zusagen als andere. Was Ihnen diese Übungen nicht bieten können, ist die praktische Anwendung emotionaler Intelligenz im Alltag, da dazu der Austausch und die Interaktion mit anderen Menschen notwendig sind. Die Übungen sind jedoch so aufgebaut, dass Sie die notwendigen Grundlagen und Ideen erhalten, um beruflich und privat eine erhöhte emotionale Intelligenz vorweisen zu können.

ÜBUNGEN ZUR SELBSTREFLEXION

Emotionen spüren

Um sein eigenes Handeln aus verschiedenen Emotionen heraus nachvollziehen zu können, ist es elementar, die einzelnen Emotionen und Gefühle zuordnen zu können. Daher sollten Sie erst einmal in sich hineinspüren, wie sich bestimmte Gefühle und Emotionen bei Ihnen anfühlen.

Am besten machen Sie diese Übung an unterschiedlichen Tagen für die unterschiedlichen Emotionen, damit Ihre Gefühle nicht durcheinandergeraten. Suchen Sie sich dafür Zeiten aus, in denen Sie ruhig sind und keinen Zeitdruck oder anderen Druck von außen haben, sodass Sie sich voll und ganz auf sich konzentrieren können.

Dazu setzen oder legen Sie sich in Ruhe an einen Ihnen angenehmen und ungestörten Ort. Suchen Sie sich aus, welcher Emotion Sie heute nachspüren wollen. Denken Sie nun an eine Situation, die Sie in diese Lage versetzt. Dabei kann es sich um eine Erinnerung handeln, Sie können sich aber auch in Gedanken in einen Film oder eine Geschichte hineindenken.

Nun intensivieren Sie in Gedanken dieses Gefühl. Dafür denken Sie sich mit allen Sinnen in die Situation hinein: Was sehen/ hören/ riechen/ schmecken/ spüren Sie? Beachten Sie, wie sich Ihr Körper verändert. Welche Teile sind angespannt? Wie wirkt sich diese Situation auf Ihren Puls, auf Ihre Muskeln, auf Ihre Körperhaltung aus? Haben Sie irgendwo Schmerzen, Druck oder Unwohlsein? Wenn Sie alle Änderungen in Ihrem Körper erfasst haben, atmen Sie einige Male tief ein und aus und kommen Sie zurück in Ihre jetzige neutrale Situation. Notieren Sie, was Sie empfunden haben:

Emotion	Wo habe ich die Emotion gespürt und wie?	Welche Beobachtungen habe ich außerdem gemacht?
Angst		
Ekel		
Glück		
Trauer		
Überraschung		

Verachtung		
Wut		

Beispiele für Situationen, die Sie sich vorstellen könnten, sollte Ihnen nichts einfallen:

Angst:

- Stellen Sie sich vor, Sie würden von einer Gruppe Menschen bedroht und es wäre nirgends Hilfe ersichtlich.
- Stellen Sie sich vor, Sie würden ohne Vorwarnung in Ihrem Job gekündigt und stünden nun vor dem finanziellen Ruin.

Ekel:

- Stellen Sie sich vor, jemand steht neben Ihnen in der vollen U-Bahn/im vollen Bus und riecht penetrant nach Schweiß/Urin und Sie haben keine Möglichkeit, sich woanders hinzustellen.
- Stellen Sie sich vor, Sie beißen in leckeren Apfel und dann sehen Sie, dass dieser ein Wurmloch hat.

Glück:

- Stellen Sie sich vor, Sie bekommen eine Woche bezahlten Urlaub.
- Stellen Sie sich vor, Sie können sich einen langersehnten Wunsch erfüllen.

Trauer:

- Stellen Sie sich vor, dass einer Ihrer besten Freunde Sie plötzlich ignoriert.
- Stellen Sie sich vor, dass es etwas oder jemanden, der/das Ihnen sehr wichtig ist, plötzlich nicht mehr da ist.

Überraschung:

- Stellen Sie sich vor, dass ein alter Schulkamerad Ihnen plötzlich über den Weg läuft.
- Stellen Sie sich vor, dass Sie an Ihrem Geburtstag eine Überraschungsparty mit all Ihren Freunden und geliebten Menschen bekommen.

Verachtung:

- Stellen Sie sich vor, Sie sehen, wie jemand eine andere Person mit Worten beschimpft, die Sie sich selbst nicht auszusprechen trauen.
- Stellen Sie sich vor, jemand, den Sie sehr schätzen, äußert plötzlich eine ernst gemeinte Ansicht, die Ihren Vorstellungen gänzlich widerspricht, sodass Sie moralisch/ethisch zur Gänze in die andere Richtung eingestellt sind.

Wut:

- Stellen Sie sich vor, Sie kommen nach eine langen, harten Arbeitstag nach Hause und jemand hat Ihre Mülltonne in Ihrem Garten/vor Ihrer Tür ausgekippt.
- Stellen Sie sich vor, einer Ihrer Kollegen hat wiederholt ungefragt Ihr Mittagessen aus dem Kühlschrank genommen und verspeist.

Ursachenforschung

Jeder Mensch hat „Baustellen“, die ihn im Alltag gelegentlich an emotional intelligenten Handlungen hindern. Vielleicht kennen Sie Ihre „Baustellen“ schon, andernfalls sollte Sie jetzt einmal ehrlich mit sich selbst sein:

In welchen Situationen reagieren Sie übermäßig? Ob es sich hierbei um unangemessen starke Wutausbrüche, Weinkrämpfe aus Trauer, übermäßiges Nachtragen bei eigentlich harmlosen Verstößen Ihres Umfeldes oder Rachegelüsten, weil jemand Ihnen Unrecht getan hat: In welcher Situation reagieren Sie übermäßig?

Wenn Sie sich nicht sicher sind, denken Sie einmal daran, ob Ihnen schon einmal jemand gesagt hat, dass Sie übertrieben reagieren. Wenn Sie eine Situation ausgemacht haben, notieren Sie diese in etwa so:

„Immer, wenn mein Partner von seiner Arbeitskollegin erzählt, bin ich eifersüchtig, obwohl ich eigentlich weiß, dass er mir treu ist."

Und jetzt Sie:

____

____

____

____

Und nun gehen Sie einmal in sich und überlegen, woran das liegen könnte. Erinnern Sie sich, wann Sie das erste Mal in Ihrem Leben dieses Gefühl gespürt haben? Vielleicht waren Sie eifersüchtig, weil Ihr Geschwisterkind immer neue Sachen bekommen hat und Sie als jüngeres Kind immer die Sachen auftragen mussten? Oder Sie hatten in der Schule eine Freundin/einen Freund, die/der viel beliebter war, als Sie es gewesen waren, sodass auch Ihr Schwarm nur auf Ihre Freundin/Ihren Freund geschaut hat. Vielleicht sind Sie auch in einer anderen Beziehung bereits betrogen worden.

Stellen Sie ähnliche Überlegung für Ihre anderen Emotionen an: Warum fühlen Sie sich so, wie Sie sich fühlen? An welchen Stellen haben Ihre Eltern, vermutlich unbewusst, falsche Gedanken in Ihrem Unterbewusstsein platziert? Welche Dinge sind Ihnen in Ihrer Jugend oder jüngsten Vergangenheit passiert, die dafür sorgen, dass Sie mehr empfinden, als die Situation es verlangt?

____

____

____

____

ÜBUNGEN ZUR ACHTSAMKEIT UND EMPATHIE

Bei Achtsamkeit und Empathie geht es nicht nur darum, dass Sie gegenüber anderen empathisch sind, sondern auch bezüglich Ihrer eigenen Emotionen sollten Sie achtsam sein und einen entsprechend liebevollen Umgang mit sich pflegen.

Überlegen Sie an dieser Stelle einmal, in welchen Situationen Sie Dinge für andere getan (oder unterlassen haben), obwohl Sie selbst eigentlich etwas anderes wollten. Beispiel hierfür können sein, dass Sie dem netten Kollegin oder der Kollegin wieder eine Aufgabe abgenommen haben, die eigentlich nicht in Ihren Aufgabenbereich gehört, weshalb Sie Überstunden machen mussten. Vielleicht hatten Sie sich aber auch vorgenommen, dieses Wochenende einmal Ihren Speicher gründlich auszumisten und haben dann doch wieder auf die Nachbarskinder aufgepasst, weil die alleinerziehende Mutter von nebenan in Ruhe einkaufen gehen wollte.

Nein zu sagen, kann sehr schwer sein. Viele Menschen haben Sorge, dass sie dadurch unbeliebt werden, ausgegrenzt. Die Urangst vor sozialer Isolation wird in diesem Fall angesprochen. Haben Sie Situationen, in denen Sie viel zu oft Ja sagen und Nein meinen? Sie müssen nicht sagen „Nein, den Mist mache ich nicht mehr, mach du doch deinen Kram allein!“ Sie können es so formulieren: „Ich helfe dir gern am kommenden Wochenende, dieses Wochenende habe ich schon etwas vor“, oder „Ich kann diese Aufgabe nicht mehr für dich übernehmen, da ich damit zeitlich überfordert bin. Sprich doch mit dem Chef, ob er die Aufgabe jemand anderem zuteilen kann, der etwas mehr Luft hat als ich“, oder Ähnliches. Bleiben Sie höflich und bleiben Sie bei sich.

Hier ist Platz für Ihre Umformulierungen:

Ich möchte nicht mehr ...	**Ich sage zu der Person:**

Einschätzung anderer Personen

Begeben Sie sich an einen öffentlichen Ort, vielleicht in ein Café am Marktplatz oder ein Schwimmbad, wichtig ist, dass Sie Menschen beobachten können. Beobachten Sie diejenigen nicht so, dass es den Personen unangenehm wird, sondern schauen Sie sich einzelne Personen an: Wie ist die Person gekleidet? Wie ist ihre Körperhaltung? Ist sie gekleidet? Hat Sie Gepäck oder Einkäufe dabei? Ist die Person hektisch oder trödelnd unterwegs?

Überlegen Sie sich Geschichten zu diesen Personen, schätzen Sie deren Alter, woher diese Person im Moment kommen und wohin diese Personen gehen. Beachten Sie auch deren Gesichter, vielleicht erkennen Sie in deren Mimik Anzeichen, wie es den Personen gehen könnte.

Es geht hierbei nicht darum, dass Sie richtig liegen. Die Aufgabe besteht darin, verschiedene Menschen in unterschiedlichen Lebenssituationen zu sehen und sich zu überlegen, wie diese Personen sich fühlen. Tragt jemand einen Schlips leicht gelockert, geht vielleicht etwas gebeugt und langsam zur Rushhour Richtung U-Bahn? Vielleicht ist er ein Banker und hatte einen anstrengenden Tag? Vielleicht ist es aber auch ein Beamter des Jugendamtes, der heute einer jungen Mutter die Kinder wegnehmen musste, weil diese mit zwei kleinen Kindern überfordert ist, und nun nimmt er dieses traurige Ereignis mit nach Hause, wo er seine Kinder liebevoll in die Arme schließt und einmal mehr dankbar ist, dass er auf der anderen Seite des Lebens steht.

Hineinversetzen in das Gegenüber

Mit Sicherheit haben Sie Erinnerungen an Situationen, in denen Sie anders hätten handeln wollen, vielleicht manche Dinge lieber nicht gesagt hätten. Es mag sein, dass diese Situationen nun schon lange vorbei sind, vielleicht ein Streit mit Ihren Eltern, als Sie als Teenager viel zu spät von einer Feier nach Hause kamen. Selbst dann, wenn die Situation noch nicht so lange her sein sollte, haben Sie sich mittlerweile weiterentwickelt.

Haben Sie eine Situation gefunden? Dann notieren Sie in der unten stehenden Tabelle, welche Aussagen Sie getätigt oder Handlungen Sie vollzogen haben. Vielleicht sind darunter welche, die Sie nun selbst nicht mehr vor sich rechtfertigen können, vielleicht sind dabei aber auch Sätze oder Handlungen, die man Ihnen im Nachhinein noch länger vorgehalten hat. Ihre Aufgabe besteht nun darin, sich in diese Situation hineinzuversetzen, allerdings als Ihr damaliges Gegenüber. Sie sollen versuchen, nachzuempfinden, wie Ihr Gegenüber sich gefühlt haben muss.

Bleiben wir bei dem Streit mit Ihren Eltern, weil Sie zu spät nach Hause kamen. Gehen wir davon aus, dass 22 h als Rückkehr abgemacht war und Sie erst um 23.45 h zurück waren. Ihre Eltern waren vermutlich noch wach und sehr wütend. Es gab höchstwahrscheinlich einen großen Streit und die eine oder andere Träne auf beiden Seiten. Vielleicht haben Sie gesagt „Ja, es war lustig und ich habe die Zeit vergessen", oder etwas in der Art. Nun versetzen Sie sich bitte in die Lage Ihrer Eltern: Vermutlich haben diese versucht, Sie zu erreichen, was eventuell wegen schlechten Handyempfangs nicht funktioniert hat. Sie, als das geliebte Kind, waren also aus verschiedenen Gründen nicht für Ihre Eltern erreichbar. Diese müssen sich unfassbar große Sorgen gemacht haben.

Ob es nun diese Situation war oder andersherum und Ihr Kind kam zu spät und hat „einfach die Zeit vergessen", überlegen Sie, wie sich Ihr Gegenüber bei Ihren Aussagen oder Handlungen gefühlt haben muss:

Aussage/Handlung	Gedanken/Gefühl des Gegenübers
Ich sagte: „Immer gebt ihr mir so wenig Freiraum, ich wollte auch mal lange aus bleiben."	Eltern: „Wir haben uns große Sorgen gemacht. Wir sind traurig, enttäuscht und aufgebracht, weil wir dachten, dir wäre etwas passiert!" (Gesagt haben Ihre Eltern vermutlich eher „Du hast zwei Wochen Hausarrest.")

Neue Sichtweise formulieren

Sie haben in der ersten Übung des Workbooks daran gearbeitet, welche „Baustellen" möglicherweise bei Ihnen vorliegen; Situationen, in den Sie unangemessen und/oder übertrieben emotional reagieren. Ihre Aufgabe ist nun, Aussagen zu finden, die Sie in solchen Momenten tätigen (möchten), die aber impulsiv sind und Ihnen die Kontrolle entziehen. Wandeln Sie die Aussagen in vorwurfsfreie Ich-Botschaften um. Mit Ich-Botschaften bleiben Sie bei sich und Ihr Gegenüber wird sich weniger angegriffen fühlen (manchmal fühlt man sich angegriffen, vielleicht, weil man weiß, dass man etwas falsch gemacht hat, obwohl einem gar kein Vorwurf gemacht wird, frei nach dem Motto: „Wenn dir der Schuh nicht passt, warum ziehst du ihn dann an?").

Zur Einstimmung gibt es vorab ein paar Beispiele, Sie können die Liste dann um Ihre persönlichen Ich-Botschaften ergänzen und sich diese einprägen, um sie in akuten Situationen parat zu haben.

Ursprünglicher Satz	Ich-Botschaft
Immer lässt du die Zahnpastatube offen, ich bin doch nicht deine Putze!	Ich möchte, dass du die Zahnpastatube nach dem Benutzen bitte schließt und wieder an ihren Platz zurückräumst. Ich finde es sonst sehr unordentlich und es stört mich.

ÜBUNGEN ZUR EMOTIONSREGULATION

Sie haben bereits Meditation und Yoga kennengelernt. Mithilfe dieser Techniken oder, falls diese Ihnen nicht zusagen, mit Tai-Chi, Qigong, Jogging, was auch immer Ihnen innere Ruhe verschafft, wenn Sie emotional unter Strom stehen, können Sie Ihr Stresszentrum im Gehirn dauerhaft trainieren, sodass Sie stressresistenter werden und nach einigen Wochen des Praktizierens wesentlich entspannter sind.

Reframing

Sie erinnern sich, dass es Situationen gibt, die Sie ändern können, und Situationen, die Sie nicht ändern können? Wir haben das zuvor besprochen und einige Beispiels genannt. Um diese Situationen abzukühlen, da sie uns mit Sicherheit aufregen, ob wir sie ändern können oder nicht, gibt es die Methode des Reframings, die auch anderweitig angewendet werden kann, dazu im Anschluss an diese Übung mehr.

Reframing bedeutet übersetzt „neu einrahmen". Betten Sie also eine Situation in einen anderen Rahmen, kann Ihnen das helfen, besagts Ereignis anders, neutraler und weniger emotional, zu bewerten. Sie finden auch hier wieder Platz für eigene Beispiele.

Ich weiß in einer Situation nicht weiter und bin gestresst, weil ich glaube, dass ich versagen werde. Die Bitte um Hilfe ist mir peinlich.	Wenn es sich um eine Situation im Job handelt: Sollten Sie tatsächlich nicht in der Lage sein, die gestellte Aufgabe korrekt oder rechtzeitig zu bewältigen, werden die Folgen der fehlerhaften/verspäteten Aufgabe vermutlich Ärger bei Ihrem vorgesetzten erzeugen. Bitten Sie also um Hilfe. So weiß Ihr Vorgesetzter, dass Sie sich mit der Aufgabe befassen und Interesse daran haben, alles korrekt und rechtzeitig zu erledigen. Weiterhin wird er vielleicht auf Unstimmigkeiten in der Aufgabenstellung aufmerksam.
Wieder einmal kommt der Bus zu spät, Sie werden wütend und ungeduldig.	Möglicherweise hat der Bus Verspätung, weil der Fahrer geduldig darauf gewartet hat, dass eine ältere Frau eingestiegen ist. Er kommt mit Sicherheit nicht zu spät, um Sie zu ärgern. Nutzen Sie die Zeit, um zu meditieren oder in Gedanken Ihren Arbeitstag noch einmal durchzugehen.

Eine weiter Möglichkeit des Reframings ist es, Situationen, vor denen Sie Angst haben, die Sie nervös machen oder regelmäßig aufregen, in Gedanken so zu modellieren, dass Sie diese in einem anderen Licht sehen, also Ihren Horizont erweitern (siehe dazu auch die „cognitive Bias" und die dort aufgezeigten Einschränkungen durch eingeprägte Vorurteile und Erfahrungen).

Suchen Sie sich eine Situation aus: Haben Sie Lampenfieber und werden Sie bereits zwei Tage vor dem Meeting nervös, währenddessen Sie Ihre Ergebnisse der letzten Wochen vorstellen sollen? Wissen Sie vielleicht ganz genau, dass zu Hause wieder Chaos auf Sie wartet, wenn Sie nach der Arbeit heimkommen, sodass Sie schon beim Verlassen Ihres Arbeitsplatzes wütend werden?

Nehmen Sie sich einige Minuten Zeit. Schließen Sie die Augen und stellen Sie sich die Situation, die Sie „im Voraus kennen", also erwarten, im Detail vor: Was sehen Sie? Was hören Sie? Was riechen Sie? Was fühlen Sie? Was schmecken Sie? Wenn Sie diese Situation detailgetreu vor Ihrem inneren Auge sehen, bleiben Sie einen Moment in dieser farbigen, lebensnahen Aufnahme. Dann lassen Sie das Bild lang verblassen, die Geräusche werden leiser, die Gerüche, der Geschmack, das Gefühl lassen ebenfalls langsam nach.

Nun lassen Sie alle Eindrücke nach und nach wieder erstarken, allerdings nicht so, wie Sie es erwarten, sondern so, wie Sie es sich wünschen. Stellen Sie sich vor, wie Sie selbstbewusst in dem Meeting vorn stehen und einen flüssigen Vortrag über Ihre Ergebnisse halten, während die Kollegen und Chefs Ihnen aufmerksam zuhören. Sie können sich genauso gut vorstellen, dass Ihr Zuhause gemütlich und ordentlich ist, wenn Sie heimkommen, oder dass Sie auf der nächsten Party von attraktiven interessanten Menschen angesprochen werden.

Malen Sie sich die Situation aus, bis Sie die Freude, die Zufriedenheit, die Erleichterung fühlen, die Sie sich für die Situation wünschen und Sie die Situation in Gedanken mit allen Sinnen erleben können. Herzlichen Glückwunsch! Sie haben ein negatives Gedankenkonstrukt in einen neuen Rahmen gelegt und sind nun entspannter als zuvor. Sie können also die Situation ganz anders angehen, als hätten Sie Ihre negative Erwartung beibehalten.

Literaturverzeichnis

• Ackerman, C.: Positive Emotions: A List of 26 Examples & Definitions in Psychology, 2020, https://positivepsychology.com/positive-emotions-list-examples-definition-psychology/, letzter Aufruf am 12.08.21

• Ärzteblatt: Mehr psychische Erkrankungen bei Kindern und Jugendlichen, 2021, https://www.aerzteblatt.de/nachrichten/124350/Mehr-psychische-Erkrankungen-bei-Kindern-und-Jugendlichen, letzter Aufruf am 12.08.21

• Blore, J.: A Forensic Psychologists Guide to Body Language, 2021, https://www.forensicscolleges.com/blog/resources/forensic-psychologists-guide-to-body-language, letzter Aufruf am 15.8.21.

• Chaplin, T.: Gender and Emotional Expression: A Developmental Contextual Perspective, 2015, https://www.ncbi.nlm.nih.gov/pmc/articles/PMC4469291/,

• Cherney, K.: Cold Shower for Axiety: Does it help?, 2020, https://www.healthline.com/health/anxiety/cold-shower-for-anxiety, letzter Aufruf am 10.11.2021.

• Chopik, W., u. a.: Differences in empathic concern and perspective taking across 63 countries, 2016, https://journals.sagepub.com/doi/abs/10.1177/0022022116673910, letzter Aufruf am 14.08.21

• Davis, S., u. a.: The role of Emotional Intelligence in the Maintenance of Depression Symptoms and loneliness in Children, 2019, https://www.frontiersin.org/articles/10.3389/fpsyg.2019.01672/full,

• Emily Underwood: Your Gut is directly connected to your brain by a newly discovered neuron circuit, https://www.sciencemag.org/news/2018/09/your-gut-directly-connected-your-brain-newly-discovered-neuron-circuit, letzter Aufruf am 11.08.21

• Francis, F., u. a.: The effect of flavanol-rich cacao on the fMRI response to a cognitive task in healthy young people, 2006, https://pubmed.ncbi.nlm.nih.gov/16794461/,

• Geller, Steven: When no one`s watching. Living and leading self-motivation, 2010.

• Gibson, J.: Laughter is good for your mind and your body – here is what the research shows, 2020, https://theconversation.com/laughing-is-good-for-your-mind-and-your-body-heres-what-the-research-shows-145984, letzter Aufruf am 12.11.21.

• Grewald, D.: How Wealth Reduces Compassion, 2012, https://www.scientificamerican.com/article/how-wealth-reduces-compassion/, letzter Aufruf am 20.8.21.

• Konrad, S. in Psychology Today: No, Empathy isn`t a universal Value, 2017, https://www.psychologytoday.com/us/blog/the-empathy-gap/201707/no-empathy-isn-t-universal-value, letzter Aufruf am 14.8.2021

• Madison, A., u. a.: Stress, depression, diet and the gut microbiota: human-bacteria interactions at the core of psychoneuroimmunology and nutrition, 2019, https://www.ncbi.nlm.nih.gov/pmc/articles/PMC7213601/

• Mayo Clinic: Stress relief from laughter? It´s no joke, https://www.mayoclinic.org/healthy-lifestyle/stress-management/in-depth/stress-relief/art-20044456, letzter Aufruf am 10.11.2021.

• Mobbs, D., Hagan, C., u. a.: The ecology of human fear: survival optimization and the nervous system, 2015, https://www.frontiersin.org/articles/10.3389/fnins.2015.00055/full,

• Murayama, K.: The Science of Motivation, 2018, https://www.apa.org/science/about/psa/2018/06/motivation, letzter Aufruf am 16.8.21.

• Radhakrishnan, R., u. a.: What are the 27 Basic Emotions?, 2020, https://www.medicinenet.com/what_are_the_27_basic_emotions/article.htm, letzter Aufruf am 15.8.21.

• Santa Cruz, J.: Brain Health – Probiotic: Big Brain Boost or just Hype?, 2018, https://www.todaysdietitian.com/newarchives/1218p8.shtml, letzter Aufruf am 15.8.21.

• Science Daily: Good nutrition positively affects social development, research shows, 2016, https://www.sciencedaily.com/releases/2016/05/160510160320.htm, letzter Aufruf am 14.8.21.

• Shi, Zumin, u.A. : High Chili Intake and Cognitive Function among 4582 Adults: An open Cohort Study over 15 Years, 2019, https://www.ncbi.nlm.nih.gov/pmc/articles/PMC6566199/

• Sanghyun, K., u.A.: The dynamic relationship between emotional and physical states: an observational study of personal health recorde, 2017, https://www.ncbi.nlm.nih.gov/pmc/articles/PMC5308597/

• University of California, Santa Barbara/ Center for Evolutionary Psychology: Anger, https://www.cep.ucsb.edu/topics/anger.htm, letzter Aufruf am 14.8.21.

• University of Western Ontario. "Scientists debunk the IQ myth: Notion of measuring one's intelligence quotient by singular, standardized test is highly misleading." ScienceDaily. ScienceDaily, 19 Dezember 2012, www.sciencedaily.com/releases/2012/12/121219133334.html,

• World Economic Forum: Top 10 skills to thrive in the fourth industrial evolution, 2020, https://www.weforum.org/agenda/2016/01/the-10-skills-you-need-to-thrive-in-the-fourth-

Wir danken Ihnen für Ihr Interesse und Ihr Vertrauen. Als Dankeschön dafür, haben wir eine besondere Überraschung. Wir haben ein **exklusives Workbook für mehr emotionale Intelligenz-Inklusive 30-Tage-Challenge**, nur für Sie. Und dieses erhalten Sie vollkommen kostenlos. Das klingt wunderbar? Dann warten Sie nicht lange und holen Sie sich Ihr Gratis-Geschenk.

Hier geht es zu Ihrem Gratis-Geschenk:

https://forms.gle/bZtXSkufbCGyDxox7

1. **Öffnen Sie die Kamera-App auf Ihrem Smartphone und richten Sie die Kamera auf den QR-Code.**
2. **Klicken Sie auf den Link, der Ihnen angezeigt wird und schon werden Sie zur Website weitergeleitet.**

Impressum

Herausgeber: Pegoa Global Media GmbH / Am Sandtorkai 27 / 20457 Hamburg
Kontakt: kontakt@pegoamedia.de
Coverbild: Shutterstock

Haftungsausschluss:
Die Nutzung dieses Buches und die Umsetzung der enthaltenen Informationen, Anleitungen und Strategien erfolgt auf eigenes Risiko. Der Autor kann für etwaige Schäden jeglicher Art aus keinem Rechtsgrund eine Haftung übernehmen. Haftungsansprüche gegen den Autor für Schäden materieller oder ideeller Art, die durch die Nutzung oder Nichtnutzung der Informationen bzw. durch die Nutzung fehlerhafter und/oder unvollständiger Informationen verursacht wurden, sind grundsätzlich ausgeschlossen. Rechts- und Schadenersatzansprüche sind daher ausgeschlossen. Dieses Werk wurde sorgfältig erarbeitet und niedergeschrieben. Der Autor übernimmt jedoch keinerlei Gewähr für die Aktualität, Vollständigkeit und Qualität der Informationen. Druckfehler und Falschinformationen können nicht vollständig ausgeschlossen werden. Es kann keine juristische Verantwortung sowie Haftung in irgendeiner Form für fehlerhafte Angaben vom Autor übernommen werden. Die bereitgestellten Analysen, Vorschläge, Ideen, Meinungen, Kommentare und Texte sind ausschließlich zur Information bestimmt und können ein individuelles Beratungsgespräch nicht ersetzen. Alle Informationen dieses Buches entsprechen dem Kenntnisstand zum Zeitpunkt des Verfassens dieses Buches. Eine Haftung für mittelbare und unmittelbare Folgen aus den Informationen dieses Buches ist somit ausgeschlossen.
Informieren Sie sich weitläufig aus unterschiedlichen Quellen und bedenken Sie, dass am Ende nur Sie für die Entscheidungen verantwortlich sind.

Haftung für externe Links:
Unser Angebot enthält Links zu externen Websites Dritter, auf deren Inhalte wir keinen Einfluss haben. Deshalb können wir für diese fremden Inhalte auch keine Gewähr übernehmen. Für die Inhalte der verlinkten Seiten ist stets der jeweilige Anbieter oder Betreiber der Seiten verantwortlich. Die verlinkten Seiten wurden zum Zeitpunkt der Verlinkung auf mögliche Rechtsverstöße überprüft. Rechtswidrige Inhalte waren zum Zeit-punkt der Verlinkung nicht erkennbar.